AF452210

HISTOIRE

D'UN
POU FRANÇOIS,

OU

L'ESPION

D'UNE NOUVELLE ESPECE,

Tant en FRANCE qu'en ANGLETERRE,

CONTENANT

Les Portraits de Personnages intéressans dans ces deux Royaumes, &c. &c.

A PARIS.

M. DCC. LXXXI.

ÉPITRE DÉDICATOIRE.

A SA

MAJESTÉ TRÈS CHRÉTIENNE.

SIRE,

Voici le premier ouvrage qui fort de la plume d'un être de mon efpèce. A qui puis-je mieux le dédier qu'à un Monarque, fous le gouvernement duquel je fuis né, & qui redevient encore mon Souverain dans un pays où je ne m'en ferois jamais douté ? Cependant j'y trouve une efpèce de juftice ; il y a fi long-tems que les armes de France fe trouvent réunies à celles d'Angleterre, il y a fi long-tems qu'on voit dans l'Europe le titre de Roi de France joint à celui de la Grande-Bretagne, qu'il falloit enfin que cette fiction devint une réalité. Puifque c'eft à VOTRE MAJESTÉ que cette gloire étoit réfervée, je fuis flatté d'être le premier à l'en féliciter publiquement. Mais, Sire, n'y a-t-il pas, en vérité, de quoi rire, en voyant le ridicule, & le peu de mérite des perfonnages

A ij

qui ont coopéré à cette œuvre ? Quoi qu'il en soit, cet événement est un bonheur pour les deux nations. Il n'y aura plus d'autre rivalité entr'elles que celle d'avoir pour Votre Augufte Perfonne tout l'attachement & le refpect qui vous font dus à tant de titres ; on entendra à Paris les acclamations de VIVE LE ROI ; on entendra à Londres celles de GOD SAVE THE KING, & tous ces vœux fe réuniront pour Vous. Il n'y aura plus de guerre, plus de fang répandu ; le commerce va fleurir dans toute l'Europe à qui vous donnerez des loix ; partout on vous bénira & l'on vous aimera. J'efpère en mon particulier avoir encore le bonheur de vous revoir, lorfque vous viendrez vous faire couronner à Londres avec Votre Augufte Compagne, qui m'a déja tant honoré, ainfi que vous le verrez dans mon hiftoire. J'en conferverai toujours la plus grande reconnoiffance.

Je fuis, avec le plus profond refpect,

SIRE,

DE VOTRE MAJESTÉ,

Le plus humble de vos fujets,

LE POU FRANÇOIS.

HISTOIRE

D'UN

POU FRANÇOIS.

RÉFLEXIONS PRÉLIMINAIRES.

QUE tous les êtres vivans font fujets à des cala-
mités & à des épreuves fans nombre ! Combien
de fois n'ai-je pas regretté mon exiftence ! Combien
de fois n'ai-je pas été tenté de me donner la mort !
Cependant j'ai eu affez de courage & de force
d'efprit pour me réfigner totalement à la volonté
de mon créateur ; plus intrépide que ces fameux
Romains fi vantés dans l'hiftoire, que Brutus, que
Caffius & le fier Caton, ma raifon m'a éclairé & conduit ; j'ai mûrement réfléchi ; & ma décifion a été
que, dans une république auffi confidérable que
la mienne, je devois l'ufage de ma vie à mes fem-
blables ; que le fuicide étoit une mort honteufe &
furtive ; que c'étoit un vol fait au genre Poullieux ;
que j'avois encore de grands devoirs à remplir vis-
à-vis de mes concitoyens & de ma nombreufe

A iij

famille, & qu'enfin tout être vivant eſt utile à ſes ſemblables par cela ſeul qu'il exiſte.

Ces réflexions m'ont ſoutenu juſqu'à ce jour, dans les ſituations les plus terribles & les évènemens les plus déſeſpérés ; je vis actuellement en philoſophe dans un pays libre ; je me trouve heureux.

O mes enfans, ô mes freres, qui vivez dans des jubilations & des tranſes mortelles, eſpérez, jouiſſez de la douce conſolation d'obtenir à la fin de vos jours une retraite ſûre & tranquille ; que ma vie, qui a été un enchaînement continuel de biens & de maux, & que je vais tracer pour votre bien & votre bonheur, vous apprenne à ne pas vous abandonner à votre malheureux ſort ; réſignez-vous avec confiance aux décrets de la Providence, qui ſait mieux que nous-mêmes ce qu'il nous faut, & vous ſerez comme moi heureux & fortunés.

CHAPITRE I.

Naiſſance du Pou ſur la tête d'une fille d'amour ; ſa jeuneſſe eſt heureuſe ; il ſe marie & a des enfans. Peſte univerſelle dans ſa patrie qui l'oblige de s'en ſéparer.

Je ſuis né ſur un terrein fertile & d'un très-grand produit, que mes ancêtres occupoient déja depuis près d'un an, & dans lequel ils avoient vécu

eomme des Rois ; c'étoit la tête d'une fille char-
mante, âgée de 17 à 18 ans. Elle demeuroit chez
une bonne maman à Paris, nommée la Montigny,
qui recevoit la plus floriffante jeuneffe de la capitale ; je puis le dire à l'honneur & gloire de ma
jeune maîtreffe, j'ai peu vu de têtes auffi belles &
auffi bien fournies ; c'étoit une vafte & puiffante
forêt, qui fuffifoit en abondance à tous nos befoins,
quoique notre colonie fut très-peuplée. Mon enfance
fut des plus brillantes, j'engraiffois à chaque minute
à vue d'œil ; ma mère, qui m'aimoit & m'adoroit,
me difoit fouvent, en me tenant étroitement ferré
dans fes bras, qu'elle n'avoit jamais eu d'enfant auffi
bien portant & auffi fort, car en huit jours de tems
j'étois auffi puiffant que mon père.

Parvenu à un âge nubile, je me mariai ; je choifis
une femme de mon âge, graffe & puiffante, car
j'aime beaucoup l'embonpoint. Dans l'efpace de
quatre jours je me trouvai bientôt père de quatre-
vingt-dix enfans, moitié garçons & moitié filles ; je
béniffois mon fort, & je ne préfumois pas qu'il put
exifter d'être plus heureux que moi fur la terre,
lorfqu'un évènement imprévu me plongea dans le
premier de mes malheurs.

Cette terre fi abondante & remplie de fruits fi
fucculens, que je regardois comme un véritable
paradis terreftre, parut fe deffécher prefque tout-à
coup. Continuellement je voyois fe déraciner des
arbres de cette vafte forêt : une odeur minéra'e,
qui s'exhaloit de tous les pôres de cette têre, jadis
fi fortunée, fut pour notre république une pefte
effroyable ; je voyois à chaque minute mes parens,
mes amis périr dans les plus grandes convulfions ;.
je perdis bientôt mon père, ma refpectable mère
qui m'avoit tant chéri, & plus des trois quarts de
mes chers enfans. Ma pauvre maîtreffe elle-même,

qui nous donnoit si généreusement l'hospitalité ;
étoit dans un état à faire compassion ; son haleine
étoit devenue forte & insupportable ; ses dents
n'avoient plus de consistance, sa bouche écumoit ;
ses nerfs étoient déchirés ; tout son corps trembloit ;
à peine pouvoit - elle se soutenir.

Effrayé d'un tel désastre, & voulant en pénétrer
la cause, je sortis un matin avec beaucoup de peine
de cette immense forêt ; je montai sur le sommet
d'un oreiller, jadis blanc, mais noirci par l'infection qui régnoit dans les airs, & je vis un malheureux
opérateur, qui, passant & repassant continuellement
des mains grasses & huileuses sur les membres dé-
licats de mon hôtesse, étoit l'auteur de cette cruelle
contagion.

Dès ce moment je ne voulus plus rentrer sur ce
terrein maudit & ulceré ; j'appelai le peu qui me
restoit de mes enfans, & nous nous cachâmes pour
quelque tems dans les fentes d'un rideau de sia-
moise qui entouroit le lit de mon hôtesse.

Nous restâmes en ces lieux deux jours & demi,
sans provisions, sans secours, & ne sachant à quel
saint nous vouer, lorsque ma pauvre maîtresse,
languissante & n'en pouvant plus, fut tirée de son
lit & portée dans un carosse de la place, qui la
conduisit, à ce que j'entendois dire, au château
royal de Bicêtre.

On mit des draps blancs au lit qu'elle venoit
de quitter ; je vis avec horreur la cruelle matrone
secouer fortement les draps sales, & en faire tomber
la foule innombrable de tous mes concitoyens que
cette peste avoit emportés ; quelques-uns étoient
encore expirans, & sollicitoient des secours, mais
l'impitoyable mégère, les ayant réunis avec un balet,
les poussa tous dans un brazier ardent, qui termina
leurs maux, & l'idée même *de leur existence.*

CHAPITRE II.

Il se réfugie sur la tête d'un Conseiller-clerc au Parlement de Paris. Description de son nouveau domicile ; il le quitte & va chez Madame la Comtesse de LA B. . . .

QUANT à nous, transis de frayeur & mourant de faim, nous ignorions encore où porter nos pas, lorsque nous vîmes, pour notre bonheur, arriver une camarade de ma premiere maîtresse & un de ses amans ; ils venoient célébrer un nouveau mariage.

Craignant que cette nouvelle avanturière ne nous fit éprouver le sort de notre première hôtesse, je pris le parti de me retirer sur la tête de son galant ; j'y pénétrai avec deux de mes filles seulement. Mes autres enfans n'ayant pu me suivre par la foiblesse de leurs corps épuisés, je les recommandai à la divine Providence ; & , ne pouvant plus leur être d'aucune utilité, je les oubliai totalement, ayant assez d'affaires personnelles & de dangers à éviter.

La forêt dans laquelle nous fîmes notre séjour étoit d'une espèce bien différente que celle que nous avions été forcés d'abandonner ; ce n'étoit point cette pépinière immense de sapins d'une hauteur prodigieuse, qui faisoit le plus bel ornement de notre ancienne maîtresse ; c'étoit une forêt dévastée, où l'on ne voyoit qu'une petite quantité d'arbrisseaux, qui, quoique jeunes encore, ne trouvoient plus sur un sol ingrat & stérile de sucs & de substance ; ils avoient langui, & étoient devenus blancs & secs ; ils étoient très-courts & en très-petite quantité ; ces arbriffeaux avòient auffi une forme bien différenté de celle des arbres de cette efpèce ; ceux qui étoient placés autour de cette pauvre forêt avoient fubi une impreffion forcée, & formoient un cercle. Quant au milieu du terrein, on y avoit fait un abbatis confidérable dans une forme ronde ; je n'ai jamais pu en deviner la raifon ; mais ce que je fais, c'eft que, probablement pour garantir les racines de cette place, ou du trop grand froid, ou de la trop grande chaleur, mon nouvel hôte avoit foin de leur donner tous les matins une couverture noire & luifante, impénétrable aux ardeurs du foleil, & à la pluie la plus forte.

Ce fut un peu au-deffus de cette place que nous nous refugiâmes mes deux filles & moi ; nous y étions comme dans un défert ; nous n'y rencontrâmes aucun être de notre efpèce ; & nous n'y trouvâmes point la nourriture qui nous convenoit ; cependant nous fûmes obligés de nous contenter d'une bouillie onctueufe & épaiffe que j'ai fu depuis être de la graiffe d'ours ; c'étoit un mets qui auroit été très - agréable & très-falubre pour nous, s'il n'eut point été mélangé avec une quantité de mufc & d'ambre, dont l'odeur trop forte fe portoit à nos cerveaux & nous étourdiffoit.

Ma pauvre femme étant morte dans la pefte qui avoit ravagé notre premiere république, je fus obligé de lui fubftituer, dans cette terre inculte, mes deux filles, qui partagèrent indiftinctement mon cœur & le lit nuptial ; tel étoit parmi les hommes, fuivant un cantique que j'ai entendu chanter plufieurs fois, un certain Monfieur Loth, qui, après le changement de fa femme en fel, fut également forcé de recourir à fes deux filles, faute de mieux.

Nous commencions déjà à former un nouvel établiffement dans cette colonie naiffante, lorfque notre hôte, que l'on appeloit *le toutou du premier président*, & dont le nom étoit l'Abbé *Appletrée* [*], conseiller au Parlement de Paris, ayant été engagé à dîner chez ce Magistrat, fut placé à table auprès de la maîtresse de la maison & d'une petite élégante, qui faisoit la précieuse, & pour qui l'on paroissoit avoir beaucoup d'égards. Comme le propriétaire de mon domicile lui témoignoit beaucoup d'amitié, & par conséquent gesticuloit continuellement, j'eus les plus grandes peines du monde à me tenir sur un de ses cheveux : je m'y cramponnois du mieux qu'il m'étoit possible ; mais, par un évènement que je ne pouvois encore prévoir, ce malheureux arbrisseau se déracina, & je tombai avec lui sur la robe de ma belle voisine.

Comment me tirer de cette fâcheuse position ? Je ne pouvois pas par moi-même ; je crus donc qu'il étoit plus prudent de me cacher, & je résolus d'abandonner la tige à laquelle j'étois attaché, & qui étoit la cause de ma perte. Je m'y déterminai avec d'autant plus de raison, que la robe de cette dame étant couleur de puce, & que les cheveux étant blancs, j'aurois été facilement découvert ; je me cachai donc dans une bouffante du falbalas ; je n'y fus pas plutôt, que j'eus raison de m'applaudir de mon idée : le cheveu tomba sur le tapis, un laquais mit dessus un pied d'une grosseur énorme qui m'auroit écrasé cent mille fois si j'y fusse toujours resté collé. J'attendis donc, dans cette retraite forcée, quelque circonstance dont je pusse profiter, lorsque ma nouvelle maîtresse partit le soir dans sa voiture pour se rendre à la Cour, où elle fut présentée le lendemain au Roi, à la Reine, & à la famille Royale.

---

[*] *Appletrée* en Anglois, ne veut-il pas dire *pommier* ?

CHAPITRE III.

Son entrée à la Cour ; il a l'honneur d'approcher de très-près la Reine ; il reçoit les adorations de tous les courtisans ; sa disgrace.

S I ce jour ne fut pas le plus heureux de ma vie, il en fut au moins le plus brillant, comme vous allez voir.

Mon hôtesse étant dans l'appartement de la Reine, & en la présence de cette Auguste Majesté, je voulus contempler une Princesse dont j'avois tant entendu dire de bien par-tout où je m'étois trouvé, & qui avoit le cœur de tous ses sujets ; je me plaçai donc sur le bord du falbalas, & j'étois en extase des charmes de la divinité de la France, lorsqu'un mouvement que fit mon hôtesse, & auquel je ne m'attendois pas, me fit tomber aux pieds de la Reine ; heureusement que l'on ne fit point attention à ma personne ; mais, malgré l'indifférence que l'on me témoignoit, je craignois toujours quelque pied indiscret, qui eut été très-funeste pour moi. Par un plus grand bonheur, Sa Majesté, bienfaisante à tous ses sujets, le fut aussi pour moi. Elle laissa tomber, comme par mégarde, un mouchoir blanc. Malgré la promtitude avec laquelle on se précipita pour le ramasser, j'eus l'adresse de m'y attacher, & je fus remis ainsi très-respectueusement entre les mains de S. M., qui me reçut avec l'accueil le plus gracieux, & en remerciant affablement celui qui me présentoit.

Jugez de l'orgueil qui devoit m'enflâmer dans ce moment ; mais ce n'étoit point encore là le faîte de ma gloire.

Mon auguste maîtresse porta le mouchoir, où j'étois, à son visage; je crus alors qu'il étoit tems d'en sortir, & je me laissai tomber sur un sein d'une blancheur éblouissante, & doux comme un satin. Que je me trouvois bien placé! Je voyois des deux côtés, des boucles flottantes de cheveux d'une couleur qui m'enchantoit, & où j'espèrois bientôt pouvoir me refugier; je voyois des Princes, des Ministres, & les premiers Seigneurs du Royaume s'approcher avec vénération de Nous, n'oser Nous regarder en face; ni s'asseoir devant Nous. Je vis l'auguste Epoux de la Princesse s'approcher seul de l'air le plus tendre, & la prendre par la main pour lui parler en particulier. Je pus facilement alors contempler ses traits radieux & sa noble Personne; j'étois enfin si enivré de mon élévation, que, quoique je n'eusse rien pris depuis plus de vingt-quatre heures, je ne pensois point à chercher aucune nourriture.

La Reine, après ce court entretien, dont j'avois été témoin, reparut dans le cercle de ses courtisans plus belle que jamais, & tout le monde s'empressoit à Nous admirer, lorsqu'un Prince du Sang, fixant avec plus d'attention que les autres les yeux sur le trône où j'étois triomphant, m'apperçut & me distingua. Il alla sur le champ le dire à l'oreille de la Princesse son Epouse, qui, s'approchant de sa sœur, se mit à rire en me regardant, &, nous prenant à l'écart, pendant que je l'admirois, Elle eut la cruauté de vouloir me chasser du poste où j'étois, avec le bout de son gant; je fis tous mes efforts pour résister, mais il me fallut céder à la force, & je tombai sur le bord d'une glace de la croisée qui étoit ouverte; je vis qu'ainsi expulsé on me cherchoit encore, je ne sais à quelle intention; mais, par précaution, je me cachai le mieux que je pus, & l'on ne me trouva point.

J'ai fu depuis, que ma préfentation à la Cour, & l'honneur que j'ai eu de m'affeoir fur un trône auffi agréable que celui où je m'étois placé, avoient fait du bruit tant à Verfailles qu'à Paris, même dans les pays étrangers, & que mon augufte Maîtreffe avoit rougi lorfque je fus congédié. Je lui demande bien humblement pardon de la témérité que j'ai prife, & je puis l'affurer que j'ai expreffément défendu, fous peine de la vie, à tous mes freres & mes concitoyens, de jamais approcher de fa Perfonne facrée, trop jaloux d'être le feul qui ait jouï d'un avantage auffi glorieux.

Mais, plus ma vanité a été flattée de mon triomphe, plus auffi elle a été rabaiffée par la pofition qui a fuivi mon élévation.

CHAPITRE IV.

Adverfité de notre héros, Il s'allie avec un foldat aux Gardes.

UN coup de vent m'emporta, & me fit tomber fur la tête d'un Soldat aux Gardes qui paffoit par là ; je m'y arrêtai, faute de mieux ; & je demeurai huit jours dans ce pays, qui n'avoit d'autre défagrément pour moi, que celui de me trouver bien au-deffous de celui où je brillois auparavant. Du refte j'y fus heureux ; j'y rencontrai de mes freres en grande quantité : c'etoit une terre affez fertile & bien approvifionnée : nous allions, mon nouveau maître & moi, très-fouvent au cabaret ; nous faifions auffi de jour à autre l'exercice, & la nuit nous la paffions chez la gentille Margot, l'objet de fes amours, une blanchiffeufe de la rue Satory, très-connue & très éveillée, qui avoit toujours de l'argent comptant & fourniffoit à tous les befoins & même aux fantaifies de mon maître : le compère auffi ne la laiffoit point chommer ; prefque toutes les nuits il agiffoit plus qu'il ne dormoit, ce qui me gênoit beaucoup ; car le petit bonnet de coton qu'il avoit, fe dérangeoit continuellement, & mon foldat ne ceffoit de le remettre, mais d'une maniere groffière & bien fatigante pour nous, il nous tourmentoit fans fin ; il avoit encore une autre habitude très-défagréable, c'étoit de fe gratter la tête, prefqu'à tous momens ; fes ongles, longs & crochus, qu'il enfonçoit avec force, enlevoient, avec notre fubfiftance, un bon nombre de mes frères qu'il rouloit dans fes doigts & jettoit enfuite avec mépris à fes pieds.

Pour rétablir notre colonie, j'étois obligé de la repeupler de mon mieux, & je n'épargnai ni mes foins ni mes peines : j'eus l'agrément de me retrouver prefque avec une nouvelle famille dont j'étois le père, le grand père & l'ayeul ; mais cette fatisfaction fut de peu de durée.

CHAPITRE V.

Il eft forcé de quitter fon Soldat aux Gardes, & fait, malgré lui, connoiffance avec Margot la blanchiffeufe.

UN beau matin que cet amant fortoit des bras de fa maîtreffe, celle-ci, avant de s'habiller, voulut rendre un fervice à fon affocié ; elle prit un inftrument terrible, femblable à ceux que l'on voit dans

les jardins pour arranger & embellir les allées ; &]
le paſſant & repaſſant dans l'immenſe forêt que nous
habitions, elle troubla cruellement notre ſociété :
trois fois je gliſſai entre les dents de ce maudit inſ-
trument , n'ayant eu qu'une patte briſée ; je crus
en être quitte pour la peur , mais un quatrième coup
de peigne m'emporta malgré moi , & me fit tomber
ſur le ſein de mon inhumaine. Furieux du traite-
ment qu'elle me faiſoit éprouver , je la mordis le
plus ſerré qu'il me fut poſſible , aux riſques même
d'en être puni ſur-le-champ ; ma nouvelle hôteſſe
ſentit la bleſſure, & ſe mit à frotter bien rudement
l'endroit offenſé.

Ce mouvement me pouſſa ſur un paquet de linge
que Margot venoit de repaſſer , & qu'elle devoit
porter à une de ſes pratiques ; je pénétrai dans
les plis d'une chemiſe, qui appartenoit à une Demoi-
ſelle connue dans toute l'Europe par les ſingularités
de ſes avantures , chez qui je fus conduit deux
heures après ; & avant le diner je pris ſéance ſur
le col de cette nouvelle avanturière.

CHAPITRE VI.

*Il a le bonheur de ſe ſauver de chez Margot, & va
loger chez Mdlle d'Éon , Chevalier de St. Louis ,
ancien capitaine de dragons. — Il s'inſtruit avec
elle & ſe croit un grand perſonnage.*

JAMAIS je n'ai connu de femme qui eut les
manières plus groteſques & plus chevalières : toujours
en action , toujours en mouvement , geſticulant
comme

comme un dragon, ne pouvant s'accoutumer aux habillemens de son sexe, n'aimant point la conversation des dames; telle étoit la personne qui vouloit bien me donner un azile. Je vécus une quinzaine de jours dans cette habitation, j'y étois seul cependant: mais cette solitude ne me déplut point dans les commencemens; j'avois une table excellente & en abondance, car ma maîtresse y faisoit porter tous les jours des provisions, & n'aimoit point qu'on en retirât; elle trouvoit que le tems de la toilette étoit un tems perdu, & elle l'abrégeoit le plus qu'elle pouvoit. A cet égard je trouvois qu'elle raisonnoit très-bien, & j'en tirai plus de profit qu'elle.

Je puis aussi ajouter à son honneur & gloire, que, par le moyen de la transpiration & de la substance la plus spiritueuse de cette héroïne, dont je me nourrissois autant que des alimens ordinaires qu'elle me procuroit, je pris un courage & une force supérieurs à tous les êtres de mon espèce; elle m'instruisit aussi un peu dans la langue angloise, qu'elle paroissoit savoir aussi bien que la sienne, ayant demeuré long-tems à Londres, & étant toujours en relation, quoiqu'à Versailles, avec plusieurs Anglois & Amériquains. Cette connoissance, dont je lui ai l'entière obligation, m'a été très-utile, sur-tout relativement aux évènemens postérieurs qui me sont arrivés, & dont je rendrai compte dans la suite de cette histoire.

On me demandera peut-être comment j'ai pu apprendre une langue étrangère, sur-tout lorsque mon hôtesse, ignorant même mon existence, qu'elle n'auroit pas manqué d'anéantir si elle l'eut connue, ne pouvoit avoir aucun entretien avec moi.

A cela je réponds : 1°. que m'adaptant aux êtres humains qui veulent bien avoir soin de moi, je ne fais qu'un avec celui avec lequel j'existe.

B

2°. Que, fixant mon habitation & mon domicile
fur le cerveau, les efprits continuels qui en fortent,
& qui forment pour moi un véritable élément, me
font connoître toutes les idées qui peuvent entrer
dans la tête de mon pourvoyeur.

3°. Qu'aucune idée ne peut être formée & conçue
que par la réunion de quelques paroles, fans lef-
quelles l'idée ne fubfifteroit pas; que c'eft une vérité inconteftable, que j'ai remarquée en tout tems,
voyant fouvent les hommes fe parler à eux-mêmes
feuls; &, quand ils ne s'expriment point de manière à fe faire entendre, ils s'énoncent toujours
tacitement; leur langue remue prefqu'infenfiblement,
malgré eux, & fans même qu'ils y penfent.

De ces principes, établis par des faits, on en peut
facilement tirer l'induction, que, comprenant les
idées de mon héroïne, qui fe formoient dans fa tête
en langue françoife, & qu'elle rendoit enfuite en
Anglois, je favois fur-le-champ ce qu'elle vouloit
dire dans cette langue étrangère; je comprenois
également, par les réponfes qu'elle faifoit à ceux qui
la queftionnoient en Anglois, ce qu'on lui avoit de-
mandé; ainfi, me faifant une grammaire particulière, fimple & facile, je pus en peu de tems me
mettre au fait de cette langue utile & noble, & rien
ne me devenoit étranger.

J'ajoute encore à ces obfervations, qu'ayant été,
comme je l'ai déjà dit, quinze jours fur la tête de ma
maîtreffe de langue, & n'ayant rien qui put me
diftraire, puifque j'étois feul & livré à moi-même,
j'ai fait des progrès beaucoup plus confidérables que
fi j'euffe été environné de mes femmes, de mes enfans
& de mes concitoyens; en outre, je n'avois aucune
crainte ni inquiétude pour ma vie, que l'on ne
cherchoit point à m'ôter, de forte que j'avois l'efprit
libre & continuellement occupé à m'inftruire.

CHAPITRE VII.

Il prend des connoissances sur le compte de sa maî-
tresse qui ne lui font point plaisir, & diminuent
beaucoup son amour propre.

Je viens de dire dans le chapitre précédent, que,
me nourissant de la substance de notre héroïne, je
devins plus fort & plus courageux que tous les êtres
de mon espèce; je me croyois, il est vrai, plus hardi &
plus entreprenant que jamais; mais, comme le dégré
de mon mérite ne pouvoit être plus considérable que
celui où ma maîtresse me le communiquoit, je trouvai
bien à rabattre de mon amour-propre & de ma
vanité pouilleuse, quelque tems avant notre sépa-
ration. Je vis, la veille que je la quittai, un François
qui paroissoit homme de mérite & de bon sens, lui
reprocher entre quatre yeux, d'avoir voulu trahir
sa patrie, chez ses plus grands ennemis, de leur avoir
révélé, pour de l'argent comptant, les secrets de la
France, dont elle avoit été dépositaire, d'abord, comme
sécretaire d'Ambassade du Duc de Nivernois, ensuite
comme Ministre Résident à la Cour de Londres,
après le départ de cet Ambassadeur; il lui observoit
encore, qu'il avoit été indécent à elle de n'avoir pas
conservé à Londres le *decorum* des emplois dont
elle avoit été honorée; qu'elle alloit souvent tirer des
armes dans un jeu de paulme public de Londres;
qu'elle espadonnoit avec des laquais, des nègres,
& tout ce qu'il y avoit de plus vil & de plus abject
dans cette capitale; qu'elle alloit dans les *bagnos*
& les mauvais lieux; que quand il y avoit quelque
tumulte, elle se cachoit sous les lits; qu'elle se pros-
tituoit aux hommes les plus misérables ; qu'un

prétendu chevalier François, pensionné de la cour
de France pour les injures dont il l'avoit accablée,
avoit été dans tous les caffés & les endroits publics de
Londres, en disant que, malgré ses habits d'homme
& sa croix de St. Louis, ce n'étoit qu'une femme
lâche & sans pudeur, avec laquelle il avoit couché
plusieurs fois, & que pour ses insolences, il lui donneroit le fouet en pleine rue, si elle n'étoit plus
honnête dans ses propos, &c. &c.

Ma fanfaronne ne répondit pas grand-chose à
des reproches aussi sanglans. Elle ne nioit pas tous
ces faits, qui paroissoient incontestables, & se con-
tentoit de dire qu'elle n'avoit pas trouvé qu'il y eut
de crime, étant abandonnée par son Prince, d'offrir
ses services à un autre ; qu'elle aimoit encore mieux
vivre à Londres aux dépens des Anglois, que de traîner
ses jours à la Bastille ; que si elle s'étoit cachée dans
des *bagnos*, c'étoit pour ne pas avoir le désagré-
ment d'être conduite chez un Juge de paix ; qu'à
l'égard de ce beau chevalier, c'est un homme sans
honneur, qui, comme il le disoit lui-même,

Flétri par son pays pour une cause juste,
N'est aux yeux des Anglois qu'un imposteur grossier,
Un scribe méprisable, un vil avanturier ;

& que par conséquent il ne faut point ajouter foi à
ses propos & à ses impostures.

Voilà comment mon hôtesse répondoit aux impu-
tations dont on la chargeoit ; je ne suis pas assez
habile pour pouvoir juger de la solidité de sa défense,
mais ce que je sais, c'est que les reproches ont fait
beaucoup plus d'impression sur moi que la justification, & que j'ai commencé à diminuer de l'estime
que j'avois pour mon héroïne, &, par la suite, de
celle que je croyois aussi mériter.

CHAPITRE VIII.

Il va diner chez son Excellence, Monseigneur Benjamin Franklin. Portrait de ce Ministre Plénipotentiaire ; ce qui se passe à table.

LE lendemain de ces belles instructions que je venois d'acquérir, mon hôtesse fut invitée d'aller dîner à Paris chez un homme d'une grande réputation, venant d'une partie du monde bien éloignée de la nôtre, & Ministre Plénipotentiaire d'un peuple considérable, qui venoit de se révolter contre sa mère patrie. Je fus charmé de cette visite, parce qu'ayant souvent entendu parler de ce personnage, je desirois le connoître particuliérement.

Nous nous rendîmes donc à deux heures chez son Excellence, que je ne pus bien distinguer qu'à la fin du repas, parce qu'il me fallut un tems assez considérable pour sortir de ma retraite & pouvoir faire l'observateur, en me plaçant sur une fleur qui ornoit les cheveux de ma Chevalière. Heureusement que je me trouvai nez à nez, face à face de Monsieur l'Ambassadeur. J'avoue que je ne pus m'empêcher de rire de bon cœur, en contemplant la figure grotesque de cet original, qui, sous l'habit le plus grossier, affectoit de tems en tems le ton & les gestes d'un petit-maître. Un teint bruni par le soleil, un front ridé, des poireaux sur toute la figure, qu'on disoit être pour lui un aussi bel agrément, que les signes qui caractérisoient le joli visage de Madame la Comtesse du Barry ; un gros & large menton, comme sont ceux que l'on qualifie de *mentons de de galoche*, un nez épâté, & des dents que l'on auroit plutôt prises pour des clous de gérofle, si on ne les eut vu fichées dans une machoire épaisse : tel est, à peu de choses près, le portrait au naturel de son excellence. Quant à ses yeux, je n'ai pu les distinguer, parce que, comme je l'ai dit, j'étois en face de lui, & qu'il avoit une paire de lunettes acrochée à ses tempes, qui lui cachoit un bon tiers du visage.

Je remarquai que les convives étoient assez gais; l'on rioit beaucoup, & l'on plaisantoit sur le compte de Messieurs les Anglois. Je vis qu'on but treize santés; &, ce qui me fit plaisir, c'est que la première & la seconde furent pour le Roi & la Reine de France mon ancienne maitresse, celle que j'ai le plus aimée, & que je n'oublierai de ma vie.

Ces treize santés bues, à peu de distance l'une de l'autre, tantôt avec du vin rouge, & tantôt avec du vin blanc, réveillèrent la gaité des assistans; mon héroïne alla se placer auprès du maître de la maison, & lui chanta quelques vers de sa composition, qui ne m'avoient pas paru bien merveilleux quand elle les avoit fait, mais auxquels on ne manqua cependant point d'applaudir. Je vis très-distinctement son Excellence, pour remercier son Apollon, l'embrasser avec ardeur, sans quitter néanmoins ses lunettes, & lui dire tout bas à l'oreille : » *à ce soir ma divine.* »

J'augurai bien de ces deux mots, & j'espérai qu'il y auroit un petit tête-à-tête dont je serois spectateur, ce qui me divertissoit beaucoup d'avance; j'en avois déja vu plusieurs dans ma vie, & celui-ci, suivant mes petites idées, devoit me paroître très-curieux ; mais je fus cruellement trompé dans mes conjectures : & peu s'en est fallu que le lendemain de cette fête ne fut le dernier de mes jours.

CHAPITRE IX.

Le Pou perd sa maîtresse ; nouvelles infortunes ; déluge universel. Ses réflexions sur l'ame des poux. Il trouve un nouveau maître.

MON hôtesse, après diner, se trouvoit incommodée, pour avoir bu la valeur de quatre bouteilles, tandis que son ordinaire n'étoit que de deux. Elle se mit à la fenêtre pour prendre l'air, & fit malheureusement un mouvement un peu trop violent, auquel je ne m'attendois pas. Il est bon d'observer que j'étois encore sur la fleur qui faisoit un des ornemens de ma bienfaitrice, & que je n'avois pas eu le tems de pouvoir rentrer dans ma retraite. Ce mouvement imprévu me fit tomber sur un banc de pierre, près de la porte de son Excellence ; le coup fut rude, & m'étourdit pour le moment : quand je revins à moi, je me trouvai plus embarassé que jamais. Que devenir ? J'attendois que quelqu'un vînt s'asseoir à mes côtés, pour que j'y pusse trouver un asyle ; mais ce bonheur n'arriva pas comme je le desirois : une averse affreuse vint au contraire une heure après m'ôter toute espérance. A quelles vicissitudes sommes-nous exposés, & que de maux nous avons à souffrir dans la vie ! Vous en allez voir deux échantillons dans ce chapitre & dans le suivant. Je frissonne encore lorsque j'y pense.

1°. Cette pluye abominable : c'étoit comme un nouveau déluge : une mer orageuse remplissoit toute la rue, & des torrens, qui tomboient de tous les toits, offroient à mes yeux un spectacle effroyable.

Pour furcroit de douleurs, une goutière d'une groſſeur énorme étoit perpendiculairement au deſſus de ma tête, & les volcans d'eau qui en ſortoient me plongeoient dans la dernière extrémité : j'avois beau me tapir dans une petite foſſette que des enfans avoient probablement faite pour leurs plaiſirs ſur ce banc, c'étoit comme un abîme dans lequel, continuellement pouſſé & repouſſé par la violence des vagues, tantôt je montois au-deſſus du golfe, tantôt j'étois replongé juſqu'au fonds. Enfin j'y perdis toute connoiſſance, j'étois comme rentré dans le néant, je ne ſouffrois plus, ne voyois plus, ne ſentois plus.

Je ne puis dire le tems que dura cette cruelle cataſtrophe, mais le ſoleil reparoiſſant enſuite, plus ardent que jamais, diſſipa, à la longue, les eaux qui avoient probablement couvert toute la ſurface du globe ; l'abîme où j'étois ſe deſſécha, & la chaleur vivifiante du conſervateur de la nature réveilla mes ſens engourdis ; je revins enfin de ma profonde létargie ; c'étoit comme une nouvelle exiſtence pour moi : la ſeule différence, c'eſt que j'étois plus gros & plus puiſſant qu'au moment de ma naiſſance, & que je me rappelois encore très-diſtinctement tous les évènemens qui m'étoient arrivés.

Mais, dans cet aſſoupiſſement univerſel de mes ſens & de toutes mes facultés, où étoit alors mon ame, cette ſubſtance céleſte ſans laquelle mon corps ne ſeroit qu'une matière inſenſible, & telle que la pierre ſur laquelle j'étois par haſard tombé ? Partageoit-elle l'engourdiſſement de la machine qui la tenoit renfermée ? étoit-elle tellement inhérente à mon corps, que, lors de l'anéantiſſement de celui-ci, elle en dût ſuivre le triſte ſort ? Pourquoi ne pouvoit-elle plus ſentir ? Pourquoi n'avoit-elle plus la liberté de penſer ? Qu'étoit-elle alors ? Où étoit-elle ? Les hommes, d'après les réflexions que je leur ai entendu faire plusieurs fois, prétendent que l'ame est une substance spirituelle, distincte du corps, & immortelle. Si elle l'est, comme ils le disent, & si la preuve de son existence réside dans la faculté de penser, il s'en suivroit, que, quoique mon corps fut comme anéanti, mon ame auroit toujours dû dans ce moment jouir de sa raison, de son entendement, & ne pas cesser d'exister, indépendamment de l'autre substance. Toutes ces idées, que je me forme actuellement, me font croire que cette ame n'est qu'une chimère ; qu'elle ne consiste que dans l'organisation de nos corps, & que cette organisation une fois dérangée, tout est dissipé & rentré dans le néant d'où il a été tiré.

Je n'ignore pas que les hommes, dont l'orgueil & l'amour-propre sont inconcevables, se mettent dans la tête que tous les êtres qui ne sont point eux, & qu'ils qualifient du nom de bêtes, n'ont point d'ames, & qu'à eux seuls est le droit & l'honneur d'en avoir. Pour expliquer ce qui nous fait agir de telle ou telle manière, ils nous accordent simplement une faculté qu'ils nomment *instinct*. Mais cet instinct, quel est-il ? Comment peuvent-ils y trouver une différence avec celui qu'ils disent être leur ame ? C'est ce qu'ils n'ont jamais pu définir jusqu'ici, & qu'ils ne définiront jamais. Ce que je sais, moi, c'est que nous autres messieurs les Poux, nous raisonnons & pensons quelquefois aussi bien qu'eux ; & je puis encore ajouter, que je ne voudrois pas trocquer mon *instinct* contre l'ame de la plupart d'entr'eux. Mes compatriotes voudront bien me passer cette dissertation, qui est en notre faveur ; revenons maintenant à mon histoire.

Revenu de ma cruelle létargie, je passai environ huit heures à me remettre de mes fatigues, & à

reprendre les premières forces de la convalefcence;
enfuite l'appétit, ou plutôt le befoin vint m'affaillir;
c'eſt une maladie bien cruelle, quand on n'a pas de
quoi affouvir la faim. Je ne favois quel étoit le
reſtaurateur à qui je puſſe avoir recours; j'en voyois
bien des fourmillières, qui paſſoient & repaſſoient
continuellement, mais aucun ne s'arrêtoit. Telle fut
ma poſition défagréable pendant une nuit entière,
juſqu'au lendemain à midi; le mal qui me confumoit
alloit toujours en augmentant; & je me voyois au
moment, où, forti d'un naufrage, tel qu'il n'en a
jamais exiſté de mémoire de pou, j'allois périr d'i-
nanition, lorſqu'enfin Dieu eut pitié de fa pauvre
créature, en m'envoyant deux braves garçons, qui
fe mirent l'un à ma droite, l'autre à ma gauche.
Auquel des deux devois-je m'attacher ? Tel qu'un
âne, entre deux bottes de foin, j'ai d'abord héſité
quelques minutes, enfin je me fuis déterminé pour
celui qui étoit à ma droite; c'étoit peut-être le fort
le plus funeſte qui pouvoit m'arriver; mais enfin,
ne connoiſſant ni l'un ni l'autre, je ne favois qui
méritoit la préférence.

CHAPITRE X.

*Il retrouve quelques-uns de fes enfans. Ses réflexions
Philofophiques fur la Mort. Il eſt prêt à étre brûlé
vif. Il évite ce nouveau danger, & fe trouve chez
le fameux Caron de Beaumarchais.*

CELUI donc qui devint mon hôte paroiſſoit
avoir une forêt bien garnie; c'étoit pour moi un

appas très-agréable. J'eus beaucoup de peine à gravir au sommet de mon protecteur, mais enfin j'y parvins, & je me trouvai heureux & satisfait pour le moment. Il me servit une table bien approvisionnée : la première chose que je fis fut de me bien régaler : Dieu sait si j'en avois besoin, & comme je m'en donnai. Je crois que, sans ce secours si désiré & si long-tems attendu, deux minutes plus tard c'étoit fait de ma vie.

Quand je me fus bien rassasié, je fis quelques pas dans le bois, & j'y rencontrai pour mon bonheur, entre un grand nombre de mes frères, trois de mes enfans, qui étoient nés sur la tête du *Toutou* de M. le Premier Président, & que je n'avois pas revus depuis.

Mes pauvres enfans avoient essuyé bien des tribulations & des infortunes ; leurs avantures, qu'ils m'ont contées & que je ne retracerai point ici, pour ne m'en tenir qu'à ce qui m'est personnel, m'ont fait verser des larmes de sang, en même tems que je goutois la satisfaction de les revoir & de les presser sur mon sein. Il faut être père pour connoître les différentes sensations que j'ai éprouvées en pareille occasion. » Hélas ! mes pauvres enfans, *leur ai-je* » *dit*, nous ne sommes nés que pour mourir : une » année entière est le plus long cours de notre vie ; » qu'est-ce que ce tems, en comparaison de l'éter- » nité ? Si notre ame meurt avec nous, tous nos » maux sont finis ; si elle nous survit, peut-être » ornera-t-elle le corps de quelques êtres plus for- » tunés. D'ailleurs, la mort en elle-même n'est rien, » un clin d'œil n'est pas plus rapide qu'elle ;

    » Laissons au vulgaire des hommes
    » Redouter de la mort les piéges imprévus ;
    » Elle n'est point, tant que nous sommes :
    » Quand elle est, nous ne sommes plus.

» Pour nous , mes chers amis, *leur ai-je ajouté*,
» oublions le paſſé ; regardons-le comme un ſonge,
» l'avenir eſt incertain ; nous ne tenons que le pré-
» ſent : ainſi jouïſſons-en, puiſque nous le poſſédons,
» & chaſſons tous les chagrins & toutes les inquié-
» tudes, qui nous rendent ſeuls malheureux.

C'eſt ainſi que je cherchois à conſoler mes enfans dans le nouvel aſyle que je venois de rencontrer. J'eſpérois que mon bonheur ſeroit de quelque durée, mais le ciel en avoit diſpoſé autrement.

Mon hôte étoit un malheureux, qui ne m'avoit donné l'hoſpitalité que pour me faire ſouffrir un ſupplice encore plus terrible que celui que je venois d'éprouver ; heureuſement que, ſans une autre mé-chanceté qui lui a paſſé par la tête, & qui n'étoit point relative à moi, j'ai encore échapé à cette ter-rible cataſtrophe. M. la Fleur, c'eſt ſon nom, avoit l'honneur d'être valet de chambre ; c'étoit un grand gaillard, bien découplé, haut de près de ſix pieds : j'ai toujours remarqué, que, parmi les domeſtiques, une riche taille leur donnoit une très-grande conſi-dération ; & la taille de M. la Fleur lui avoit procuré la place de premier gentilhomme de la chambre d'un eſpèce de petit Miniſtre en ſous œuvre, qui, par ſon hypocriſie, ſes intrigues & ſon eſprit, étoit devenu une eſpèce de perſonnage fameux, & jouoit un rôle dans le monde. M. la Fleur n'étoit pas con-tent de ſon maître, car j'entendis, lorſqu'il fut de retour dans ſon grenier, qu'il murmuroit ouver-tement contre lui, & ſe ſervoit de termes très-indé-cens, & très-peu convenables à la modeſtie dont ſon maître ſe pârait.

» Cet impertinent, diſoit-il, affecte avec moi
» une hauteur qui ne lui convient pas : il ſait que
» nous ſommes parens ; ſi je ſuis chez lui, ce n'eſt
» point par charité qu'il m'a pris : j'aurois trouvé ,

» fi je l'euffe voulu, de meilleures places ailleurs;
» il devroit donc avoir plus d'égards pour moi.
» Il me défend de porter le nom de Caron; voyez
» l'impudent, comme fi je lui faifois déshonneur!
» Il eft plus dans le cas de me faire rougir de
» honte que moi de lui faire tort. Mon père valoit
» bien le fien; un ferrurier vaut bien, je crois, un
» horloger; mon pere, fans me vanter, faifoit les
» plus beaux ouvrages du monde. Ma fœur, toute
» cuifinière qu'elle eft, a bien raifon de ne pas le
» voir; elle dit qu'*elle n'a pas été blâmée par arrêt*
» *du Parlement*, & qu'elle a toujours fon honneur;
» par parenthèfe, elle fait bien de le dire, pour
» qu'on la croye; pour moi j'ai grande envie de
» planter mon homme là, & de me mettre à la
» tête des affaires de Mademoifelle Fanfan : quand
» on eft auffi bien bâti que je le fuis, on fait mettre
» fon épingle au jeu, & on fait l'en tirer à propos
» chez un actrice d'Opéra. Ne voilà-t-il pas mon
» animal qui fonne, comme s'il falloit être à chaque
» minute à fes ordres; hé bien, qu'il attende, je
» ne fuis pas fait pour me preffer pour lui, il ne
» veut pas feulement me laiffer le tems de me don-
» ner un coup de peigne. Oui, fonne, fonne tou-
» jours; vas, vas, je fuis bien mécontent de toi;
» pour peu que la moutarde me monte au nez; je
» t'envoye à tous les diables; prens-y garde. »
M. la Fleur en étoit là de ce foliloque, lorfqu'un
autre valet entre. » Monfieur vous appelle, lui dit-
» il; il s'impatiente & nous fait tous enrager, allez-
» y donc, je vous prie. « » *Qu'il aille fe faire —,*
» répondit mon patron; comment! Je ne puis avoir
» un moment à moi : & que veut-il donc ? Je vais
» defcendre & lui parler comme il le mérite. «
Il defcendit donc de l'air le plus furieux & le
us mécontent. » Que demande, Monfieur ? —

» Où étiez-vous donc depuis une heure que je vous
» sonne. -- Il n'y a pas quatre minutes que Monsieur
» a sonné & j'allois m'accommoder ; je croyois en
» avoir le tems, puisque Monsieur a dit qu'il ne se
» feroit cëeffer qu'à deux heures. -- Non, je veux
» l'être actuellement. « Le valet s'apprêtoit en conséquence à remplir ses fonctions ; déja il avoit mis
son tablier ; déjà ses peignes étoient dans ses cheveux, lorsque le maître lui dit : « *je change de sen-*
timent, ce ne sera que pour deux heures. » M. la
Fleur re ourna donc à sa chambre, & ce fut là qu'il
en dit encore de plus belles contre son parent. Comme
il savoit défiler le chapelet des sottises de son maître,
& comme il me divertissoit ! Mais, tout en grondant
& pestant, il lui prit une idée qui me déplut beaucoup. *On ne gagne rien*, disoit-il, *que des Poux avec*
cet impertinent, je crois que j'en ai la tête pleine,
je ne cesse de me gratter ; il faut que je me peigne à fonds.

A ces terribles mots tout mon sang se gela. » Voilà
» donc pour le coup mon dernier moment, *me disois-*
» *je.* O mes enfans, ne vous ai-je retrouvés que pour
» vous voir périr avec moi ; & quel suplice affreux
» on nous présente ! » En effet, un réchaudplein de
feu, que notre bourreau avoit monté, étoit à nous
attendre, & à nous engloutir pour jamais.

Le malheureux commence en effet son exécution.
Déjà plus des trois-quarts de mes compatriotes &
deux de mes enfans sont saisis par ce barbare, qui
les jette impitoyablement dans les flammes. Chaque
supplice, par l'éclat qu'il faisoit, étoit autant de
poignards que l'on m'enfonçoit dans le cœur ; je
souffrois mille morts pour une ; j'étois si troublé
& si hors de moi-même, que je ne cherchois même
plus à éviter le danger, je fus pris, comme mes
camarades, dans le redoutable instrument préparé
pour notre perte. J'étois déjà placé sur un papier

avec huit autres patiens, & nous n'attendions que
le moment d'être brûlés vifs, lorsque M. la Fleur
eut une idée bien flatteufe pour moi.

» Parbleu, *fe difoit-il*, Mr. le FAT (il parloit ainfi
» de fon maître) il faut vous apprendre ce que l'on
» gagne à votre fervice ; je veux donc vous fervir
» un petit plat de mon métier ; il faut que ces petits
» Meffieurs (en parlant de nous) vivent à vos dé-
» pens, je vais donc en orner la tête du fameux
» auteur du *Barbier de Séville*. Quand vous ferez
» avec vos Marquifes & vos Ducheffes, il fera fort
» joli de vous gratter comme un Pouilleux que vous
» ferez. Comme on rira de vous voir ! Quels
» complimens vous recevrez de la belle acquifition
» que vous aurez faite, & que vous m'en aurez
» d'obligations ! «

Tel fut le projet de cet homme, & ce projet fit
ceffer toutes mes terreurs ; ce fut un beaume falutaire
qui fe répandit dans mes veines ; je ne pouvois être
mécontent que d'une chofe, c'étoit le mépris que
ce valet avoit pour moi : mais, dans un moment
où il me rendoit la vie, je n'y regardai pas de fi près.

Alors M. la Fleur continue avec plus de courage
que jamais à extirper de fa tête le refte des malheureux qui y végetoient encore ; il nous réunit tous
avec grand foin, craignant même de nous faire du
mal ; nous étions au moins vingt-cinq. Pour nous
faire trouver meilleure la table qu'il nous deftinoit,
il crut que nous devions avoir un bon appétit ; en
conféquence, après nous avoir retiré tous les alimens
qui fe trouvoient avec nous, il nous enferma dans un
papier bien plié, & nous mit dans fa poche, où nous
reftâmes environ une bonne heure, dans l'efpérance
d'éprouver un fort plus heureux & plus noble ; car
j'ai des fentimens ; & je le dis à mon honneur &
gloire, j'aime beaucoup mieux les maîtres que les

domeſtiques. On eſt auſſi bien mieux ſervi chez eux ;
& l'on y apprend des avantures & des anecdotes beaucoup plus intéreſſantes.

Enfin au bout de ce tems M. la Fleur fit ce qu'il
avoit dit ; il nous plaça dans le nouveau domicile
qu'il nous avoit deſtiné, & eut l'attention de nous
fournir une ample proviſion de vivres.

CHAPITRE XI.

*Le petit Miniſtre ; ſon apothéoſe par lui-même ; ſes
grands exploits ; il gouverne la France, ſes quatre
Sécrétaires, ſon Aumônier. Il va à l'opéra, s'y fait
admirer, & finit ſa journée chez Madame Gourdan.*

Mr. LA FLEUR avoit bien ráiſon de dire que mon
petit Miniſtre étoit fat & impertinent ; mais cela ne
ſuffiſoit pas ; il pouvoit dire le plus fat, & le plus
impertinent qu'il y eut en France ; jamais je n'ai
vu ſon égal, quoique j'aye connu bien du monde.
J'en puis parler pertinemment, car je m'étois placé
juſtement au milieu de ſa tête, au point de réunion
de toutes les idées qui s'y formoient, & rien ne me
divertiſſoit davantage. Je ne bougeai point de mon
poſte pendant le tems que je reſtai dans cette habitation ; je laiſſois mes camarades s'arranger comme
ils le vouloient ; ils ſe marioient, ils faiſoient des
enfans ; mais moi, plus occupé qu'eux, je m'inſ-
truiſois, je raiſonnois, je philoſophois.

Mon important Petit Maître dîna, le premier jour
que je fus avec lui, ſeul, contre ſon ordinaire, à ce
qu'il m'a paru. Après ſon repas, il s'enfonça dans
une

une grande bergère , les pieds fur un couffin de
velours , & fe rappeloit avec plaifir le haut point
d'élévation où il étoit monté, *difoit-il* , par fon
mérite. Voici , à-peu-près, le réfumé des obfervations qu'il faifoit fur lui-même.

  » Je ferai certainement plus célèbre & je mérite
» plus de l'être que les plus puiffans Miniftres de
» bien des empires , & que même plufieurs Monar-
» ques qui ont eu de la réputation & qui ne la devoient
» fouvent qu'à leur naiffance & au hazard d'avoir
» rencontré de grands généraux d'armées & des gens
» inftruits. Pour moi, je ne dois ma fortune & ma
» réputation qu'à mon feul mérite & à la profondeur
» de mon génie. Mon hiftoire fera fûrement très-
» curieufe & très-intéreffante ; mais il faudroit pour
» la faire un écrivain digne de moi , & où le trouver ?
» Sorti du néant (ce que je ne dis pourtant qu'à moi)
» quelles difficultés n'a-t-il pas fallu furmonter pour
» m'élever au point où je fuis ! Un corps entier de
» la Magiftrature a voulu me perdre , je l'ai écrafé.
» Mon efprit tranfcendant & mes farcafmes m'ont
» attiré d'abord l'amitié des Princes du fang & des plus
» grands Seigneurs du Royaume , & enfuite les re-
» gards & l'admiration de tout le public *étonné &*
» *enchanté de me poffédér.* Il n'exiftoit qu'un Voltaire :
» ce Dieu n'eft plus , on me donne actuellement fa
» place. Il n'eft point , dit-on, actuellement de plus
» grand Génie dans l'Europe que le mien. JE GOU-
» VERNE UNE VIEILLE COMTESSE ; j'ai pris fur elle
» un afcendant irréfiftible , & lui fais faire tout ce
» que je veux ; *cette vieille femme mène fon vieux*
» *mari par le bout du nez ;* ce vieux bon homme,
» fans avoir le titre de Premier Miniftre de la France,
» n'en a pas moins tous les pouvoirs , & exerce, lui
» feul , toute l'autorité du Roi ; me voilà donc , par
» le fait, prefque LE SOUVERAIN DU ROYAUME.

C

» C'eſt moi qui ai fomenté la rébellion des Améri-
» cains, j'ai fait la guerre avec les Anglois, & j'en
» attends une fin, qui, portant ma gloire au plus haut
» dégré, fera en même tems le bonheur de ma
» nation; je viens de forcer l'Empereur à accepter
» les propoſitions de paix que je lui ai impoſées, le
» menaçant, ſans cela, de me réunir au Roi de
» Pruſſe. J'ai fait donner à *Sartine* le département
» de la Marine, à *Necker*, celui des Finances, à
» *Amelot* celui de Paris; les gens de lettres m'eſti-
» ment, le peuple m'adore, & les grands me craignent;
» j'ai toutes les lettres de cachet à ma diſpoſition.
» Gare à ceux qui me provoqueront; ils ſeront ter-
» raſſés à l'inſtant, & je forcerai ainſi mes ennemis à
» ſe taire & à me redouter. «

Il ſonne dans ce moment, & demande à ſon portier
les invitations qu'on lui avoit envoyées. On les lui
préſente. — » Voyons, dit-il, s'il y a quelque choſe
qui me convienne.

» LE DUC DE CHARTRES, *pour ce ſoir* .... La
» Ducheſſe en ſera, il faudra être trop réſervé & trop
» raiſonnable; je veux aujourd'hui de la gaité; je
» n'y irai point.

» LE PRINCE DE CONTI *m'attend à ſa loge à la*
» *fin de la comédie*. Il pourra m'attendre long-tems.

» *La petite* FANIER ..... Toujours avec ſon *Do-*
» *rat*; ce ſont les deux doigts de la main. Ils ſont
» inſéparables; je ne veux point nuire à leur bon-
» heur.

» L'AMBASSADEUR D'ESPAGNE ..... Ce n'eſt
» point chez lui que je trouverai de l'amuſement, mais
» il faut que je lui parle pour affaires, il attend tou-
» jours ce manifeſte; je vais lui mander que je l'au-
» rai fini demain, qu'il peut paſſer chez moi mardi à
» dix heures.

» LA COMTESSE SEMPITERNELLE..... Non,
» ma chère, pour aujourd'hui, mais demain je ferai
» à votre lever.

» AMELOT..... Aura-t-il des filles ce soir ? Cela
» pourroit très-bien être, j'y vais passer pour m'en
» informer.

» *Madame la Comtesse de Gourdan.* Oh , oh !
» voyons : .... *Du nouveau .... deux : ....*
» *Quinze ans .... Des boutons de roses prets à s'épa-*
» *nouir .... Me voilà décidé.*

» *Où est mon premier fécretaire ?* — Monsieur, il
» n'est pas revenu de chez M. de Sartine. — *C'est*
» *bon : où est le second ?* — Il est renfermé depuis
» deux heures dans son cabinet avec son Excellence
» Monseigneur de Francklin — *Et le troisieme ?* —
» Il est sorti, en disant qu'il alloit donner des in-
» structions de votre part au Ministre de la Guerre.
» — *Et le quatrieme ?* — Il a grande compagnie au-
» jourd'hui chez lui, & doit donner un bal ce soir,
» desorte qu'il n'est pas visible pour le moment. Il
» *me faut pourtant quelqu'un pour le préfent. Allez*
» *me chercher mon Aumônier.* "

L'abbé vint. Mon ami, lui dit mon maître, voici
plusieurs lettres, lisez-les, & répondez-y ce soir :
c'est un service que vous rendrez à mes commis, qui
sont tous occupés, & dont je vous saurai gré, car
j'ai tant d'affaires pour le moment que je ne puis
me mêler de ces bagatelles. Faites partir ces ré-
ponses aussitôt qu'elles seront finies ; je vais présen-
ter mes hommages à la Reine. » *Mais , Monsieur,*
» dit l'Aumônier, *que dire dans ces lettres ?* — *Vous*
» *excuserez si je ne puis me rendre aux invitations ;*
» *voilà tout.* — Et quand les fignerez-vous, si vous

» fortez ? — *Tenez , l'Abbé , prenez ma* GRIFFE *
» fervez-vous en , mais n'en abufez pas.* "

Ces ordres ainfi donnés , mon impertinent s'ha-
billa , mit à fon doigt un diamant de plus dé 100,000
livres,qui lui avoit été donné par l'Inpératrice-Reine
de Hongrie , monta dans un joli vis-à-vis , & nous
conduifit à l'Opéra. Sa Majefté , mon ancienne &
glorieufe maitreffe , y arrivoit en même tems que
nous , & reçut les acclamations de tout le peuple :
j'aurois auffi voulu pouvoir y réunir mes battemens
de mains , pour lui témoigner mon refpect & mon
attachement ; mais la pofition où j'étois , étant ferré
étroitement entre cinq à fix cheveux , m'en a ôté
la liberté.

Mon introducteur fit deux fois le tour des loges :
c'étoit l'homme univerfel , il connoiffoit toutes les
dames qui ornoient le fpectacle ; tantôt il fourioit à
l'une , tantôt il baifoit la main de l'autre ; il faluoit celle-ci de l'air le plusaffable & le plus refpectueux ; à celle - la il difoit feulement avec un léger figne de tête ;
» *bonjour la belle enfant.* « Il fe mit enfuite au balcon ,
fe tenoit plus debout qu'affis ; il avoit l'attention de
prendre fouvent du tabac , pour faire briller fon ma-
gnifique brillant ; bien des hommes vinrent lui parler ;
enfin , s'il n'a pas été vu & admiré de tous les fpecta-
teurs , ce n'a point été de fa faute.

Quand l'Opéra fut fini , il fe plaça fur l'efcalier
pour fe montrer de plus près ; tout le monde s'arrêtoit pour lui parler , toutes les dames vouloient
l'avoir à fouper ; mais il ne pouvoit , difoit-il , fe

[*] Une GRIFFE eft un nom eftampé , ou empreint: dans tous
les bureaux on a ainfi le nom du Roi pour former des *lettres de
cachet* , dont il n'a pas la moindre connoiffance. Les Miniftres
ont auffi leur GRIFFE , pour n'avoir pas la peine de figner ;
leurs commis en font autant. Il n'eft donc pas étonnant qu'un
fi grand perfonnage que Beaumarchais ait auffi la fienne.

subdivifer l'infini ; il refufoit avec un air de cha-
grin & une modeftie qu'il favoit affecter divinement.
Son caroffe arrive , il s'élança dedans avec une grace
furnaturelle , & nous conduifit à l'hôtel de *la Com-
teffe de Gourdan.*

Mon paillard fut reçu avec beaucoup de politeffe
& de prévenance ; on avoit pour lui la plus grande
circonfpection ; on le fit entrer dans un joli fallon ,
où les deux *Rofes* qui lui avoient été annoncées furent
introduites un inftant après. » *Venez mes anges* , leur
» dit-il, *vous avez l'air craintif ; n'ayez aucune in-*
» *quiétude ; je veux être votre ami.* "

C'étoit réellement deux figures céleftes ; je fortis
un peu pour les admirer , & ma curiofité fut ample-
ment fatisfaite ; le plus bel incarnat animoit leurs
vifages : l'une étoit une brune piquante , l'autre une
blonde raviffante ; elles étoient toutes deux faites
de cire à l'égard des bras , des mains , de la gorge ,
& des pieds.

Si mon protecteur eut été eccléfiaftique , il n'auroit pas manqué de goûter des deux fruits défendus
qu'on lui préfentoit ; mais n'étant qu'un fimple laïc ,
tout impudent qu'il étoit , il fit un choix dans les
deux , prodigua à fa bien-aimée toutes les careffes
qui pouvoient la dédommager du facrifice auquel
elle fe foumettoit ; & , après un tête à tête de deux
heures , il quitta fa divinité , & retourna à fon
hôtel, où nous nous couchames tous de bonne heure,
car il n'étoit que minuit ; ce qui lui arrivoit très-
rarement.

CHAPITRE XII.

Dialogue entre le Petit Ministre & le Dr. Benjamin Francklin, relativement aux projets de la France contre l'Angleterre. Le Pou est chassé de son domicile, il en trouve un d'une condition plus relevée, mais moins avantageuse pour lui.

LE lendemain matin, on vint annoncer son Excellence le Dr. Benjamin Francklin, avant que nous fussions levés, ce qui nous empêcha de rester plus long-tems au lit, où nous commencions à faire encore de nouvelles réflexions. Ces deux hommes d'importance eurent une conférence intéressante dont je vais faire le récit tel que je l'ai entendu.

DIALOGUE INTÉRESSANT.

Le Docteur.

Il faut enfin, mon cher, prendre des arrangemens solides, car tout notre tems se passe à ne rien faire ; & cependant les Anglois trouvent continuellement des matelots, ils construisent des navires, ils arment à force, & nous sommes menacés d'être détruits sans les secours les plus puissans de la France.

L'Impudent.

Docteur, ce que je vous ai promis, je l'ai tenu ; 1°. vous avez en Amérique notre flotte du Comte d'Estaing qui tient bloquée celle de l'Amiral Biron.

Le Docteur.

Qu'appelez-vous ? Mais c'est Biron qui bloque d'Estaing.

L'Impudent.

Voilà comme vous ne pouvez jamais rien comprendre dans les affaires politiques ; sachez que ce que je vous dis est juste ; vous en verrez des effets avant la fin de l'année.

Le Docteur.

Dieu le veuille !

L'Impudent.

En second lieu, je vous ai promis une nouvelle flotte qui croisera d'abord dans nos parages ; nous menacerons les Anglois d'une descente dans leur pays ; cela les intimidera ; leur flotte commandée par Hardi n'osera point s'éloigner ; c'est tout ce que nous voulons.

Le Docteur.

Belle avance ! Et à quoi cela mènera-t-il ?

L'Impudent.

A vous soutenir dans votre propre pays ; à empêcher les Anglois de renouveller leurs forces en Amérique, à vous mettre dans le cas de les prendre par famine, & enfin à les traiter comme vous avez déjà traité Burgoyne.

Le Docteur.

Dieu le veuille ! Mais je crois qu'il vaudroit beaucoup mieux, au lieu d'une descente en Irlande, conduire à Boston toutes les troupes prêtes à être embarquées ; &, avec ce renfort, nous serons sûrs de chasser pour jamais les Anglois de tout notre pays.

L'Impudent.

C'est ce que nous verrons, si vous êtes bien raisonnables, & si le Congrès nous accorde ce que *Sartine* & moi nous demandons depuis long-tems.

Le Docteur.

Je vous ai engagé ma parole ; cela doit vous suffire.

L'Impudent.

En troisieme lieu, je vous ai promis de forcer le Roi d'Espagne à déclarer ouvertement la guerre à

C iv

la Grande-Bretagne ; j'ai tenu, comme vous voyez, ma parole. N'avez-vous pas plus que vous ne desiriez ?

Le Docteur.

Mais nous étions convenus que la flotte du Comte d'Orvilliers ne se réuniroit point à une division de celle d'Espagne, parce que cela nous fera sûrement plus nuisible qu'utile.

L'Impudent.

Mon cher, vous avez la vue courte, on le voit bien ; vous n'allez pas plus loin que le bout de votre nez ; je ne puis vous en dire davantage. A propos, je vous prie, comment trouvez-vous cette justification du Roi de France à la face de toute l'Europe ?

Le Docteur.

J'avoue qu'on ne peut guères mieux soutenir une plus mauvaise cause ; mais je crois qu'on auroit mieux fait de garder le silence, parce que cela mettra les Anglois dans la nécessité de répondre ; & ils ont tant de choses à dire !

L'Impudent.

Oui, mais non pas avec autant d'esprit & d'élégance.

Le Docteur.

Il paroît que la tête vous démange beaucoup. Seriez-vous par hazard électrisé ?

L'Impudent.

Je me suis un peu amusé hier au soir à cette occupation, & je ne m'en suis pas mal trouvé cette nuit.

Le Docteur.

Il falloit me prévenir ; vous savez que je ne suis pas ignorant dans cette partie ; je vous aurois fait voir de belles choses.

L'impudent.

Si vous voulez, ce soir, je vous en ferai voir de bien plus belles.

Le Docteur.

J'y consens : à quelle heure, & où ?

L'impudent.

J'irai vous prendre à huit heures, attendez-moi.

Alors ils se quittèrent; mon protecteur, mécontent des légers frottemens de mes camarades qui pâturoient en lieu gras, y mit la main & fut très-surpris d'y trouver un Pou. „ *O Dieu !* dit-il, *une* » *pareille infection chez moi ! Ce sera cette malheureuse* » *d'hier au soir qui m'en aura fait présent.* „ Il fait alors venir son valet de chambre, se fait peigner à fond & nous fûmes faits tous prisonniers de guerre. Comme nous ne nous rendîmes qu'à la dernière extrêmité, on n'eut aucun égard au droit des gens : &, à mesure que l'on mettoit la main sur quelques-uns de nous, on nous plongeoit dans un bassin d'eau. Je ne croyois point en échapper ; je luttois bien contre les flots, mais je ne le faisois que machinalement, & je me voyois de nouveau à mon dernier moment, lorsque M. la Fleur voulut nous jetter dans les commodités à l'Angloise qui se trouvoient près du cabinet de toilette de M. *l'Impudent.* Mes compatriotes furent tous engloutis pour jamais; mais, par un bonheur inattendu, je tombai sur le bord du précipice, & l'on n'y fit point attention : il ne s'agissoit que de savoir quel bon Chrétien viendroit me sauver; peut-être devoit-ce être un domesti-que, race que j'ai toujours maudite; mais j'ai été plus heureux; un véritable Ministre, qui avoit à Monsieur *l'Impudent* l'obligation de sa place, vint me tendre une main propice & bienfaisante, une heure après le danger que je venois d'éprouver.

CHAPITRE XIII.

Projet du Ministre de la Marine pour partager la Grande Bretagne, entre la France, l'Espagne & le Congrès. Dialogue entre un Commissaire de Marine & son ami sur l'état actuel de la Marine Françoise & les abus qui s'y trouvent.

MON libérateur avoit depuis deux jours un projet dans la tête qu'il ne pouvoit effectuer qu'après l'avoir fait approuver du Comte de Maurepas; mais, avant tout, il falloit que mon dernier maître l'eut goûté & fait goûter à la Comtesse *Sempiternelle*. Voilà pourquoi il étoit venu lui rendre de bonne heure une visite.

Je n'ai guères pu comprendre quelles étoient toutes les vues politiques de ce vaste Génie, car la conversation s'étoit passée, lorsque j'étois au secret; &, quand je parvins au point le plus élevé de mon Protecteur, je fus très-surpris de voir que toute la forêt qui faisoit le plus bel ornement de sa tête sublime, étoit empruntée; pas un seul arbre n'étoit de lui : ils étoient plus blancs que blonds, & totalement desséchés; enfin, pour me servir du mot tecnique usité parmi les hommes, c'étoit une perruque d'un volume considérable, qui tapée & retapée tant qu'il avoit été possible, & poudrée à blanc, présentoit une figure bizarre & extraordinaire; elle étoit de l'espece de celles que l'on nomme à Paris *perruques à la* Sartine. Le vuide qui se trouvoit entre la coeffe de la perruque & la tête de mon nouveau maître, m'a empêché de pouvoir connoître distinctement tout ce qui fe paffoit dans fon efprit; j'ai fu feulement en gros, qu'il s'agiffoit *d'un traité de partage entre le Roi de France, celui d'Efpagne & le Congrès Américain*, par lequel, après que l'on fe feroit emparé de toute la Grande Bretagne, & pour ne plus entendre parler de cette Puiffance fi formidable fur mer, on la divifoit en trois parties; le Roi de France devoit avoir l'Angleterre proprement ditte, l'Efpagne auroit l'Irlande, & l'Ecoffe étoit le lot de Meffieurs du Congrès. J'ai été auffi inftruit très-particulièrement, que M. l'Impudent devoit être nommé *Gouverneur pour le Roi de la ville de Londres*, parce qu'il connoiffoit déjà cette ville, où il avoit beaucoup d'amis, & que d'ailleurs il falloit lui promettre une récompenfe proportionnée à fon zèle & à l'importance de l'entreprife. L'Impudent a paru applaudir à l'exécution d'un projet auffi noble & auffi avantageux à fa patrie & à lui-même. ,, *Mais*, ajoutoit-il en badinant, *où pourrai-je me* ,, *loger à Londres avec cette dignité; le Palais de* ,, GEORGE III. *n'eft pas digne de recevoir, tel qu'il* ,, *eft, le Gouverneur du Roi de France.* ,, — *C'eft* ,, *ce que nous verrons alors*, répondit M. le Suffi- ,, fant; *chaque chofe amène fon tems.* ,,

Je donnai à mon libérateur dans ce moment un nom qui prouve de l'ingratitude de ma part; mais deux petites réflexions ferviront à me juftifier: la première, c'eft que je ne dois lui favoir aucun gré du bienfait qu'il m'a procuré, parce que certainement il n'avoit pas l'intention de me fauver la vie, ne fachant même pas que j'exiftois; la feconde, c'eft que je fuis vrai & franc, & que je n'aime point à déguifer mes fentimens. Ces deux obfer-vations que je fais ici en paffant pourront également s'appliquer à tous les autres événemens dont je parlerai par la fuite.

Après avoir un peu plaifanté fur la difficulté de trouver des logemens convenables à Londres, mes deux héros fe féparèrent, & mon protecteur remonta dans fa voiture, où il lui arriva un petit accident qui me fit le quitter bien vîte. En voulant relever l'édredon de fon couffin, un léger mouvement du caroffe fit que fa perruque fut froiffée du contrecoup; &, comme elle avoit perdu de fon éclat, il fallut retourner à l'hôtel, où Monfeigneur en prit une autre toute fraîche, & me laiffa feul fur celle qu'il venoit de quitter.

Que fit-on de cette dernière qui me fervoit d'afile? Une efpèce de valet de chambre la mit fur une tête de bois, chofe que je ne connoiffois point auparavant, & qui me furprit, car c'étoit purement une machine qui ne penfoit, n'agiffoit, & ne remuoit aucunement; j'ignorois encore quel étoit l'ufage d'une pareille figure humaine, lorfque je vis un vieux Commiffaire de Marine, qui avoit fervi pendant plus de trente ans, la regarder fixement & que je l'entendis dire enfuite à un de fes amis. « *Vois-tu* „ *bien cette tête? Si on pouvoit lui donner un corps* „ *de la même matière, & l'habiller tel que le maître de* „ *fa perruque, elle raifonneroit auffi bien que lui fur* „ *la Marine.* „ Son ami lui demanda alors l'explication de cette comparaifon, & le pria de lui dire quels étoient les défauts qu'il avoit remarqués dans cette partie effentielle du Gouvernement.

Comme ils n'étoient pas encore prêts d'avoir audience de ce Miniftre, le Commiffaire confentit à fatisfaire fon ami, ils fe mirent auprès de moi, &, ie voyant feuls, ils parlèrent avec liberté, ne fe doutant pas qu'il y eut un *Pou* à leurs côtés, qui put comprendre & retenir ce qu'ils difoient.

DIALOGUE ENTRE UN VIEUX COMMISSAIRE DE MARINE ET SON AMI.

Le Commiſſaire.

Connoiſſez-vous l'ordonnance du grand Colbert ſur la Marine.

L'Ami.

N'étant point dans cette partie, je vous dirai ſeulement que j'en ai entendu parler par des gens inſtruits comme d'un chef-d'œuvre ; on m'a ajouté qu'elle avoit ſervi de modèle pour toutes les autres Puiſſances Maritimes de l'Europe.

Le Commiſſaire.

Vous avez raiſon de dire qu'elle étoit un chef-d'œuvre ; je vais vous en donner l'eſſence.

En 1689, Louis XIV, forcé d'entretenir des armées de terre formidables, chercha auſſi à rétablir, ou créer la Marine en France. Mais, pour ſubvenir aux dépenſes énormes que cet établiſſement devoit entraîner, il falloit une économie extrême & ſoutenue. Cette économie devoit être le fruit de la plus grande intelligence, & de l'activité la plus infatigable dans les perſonnes chargées de ce travail immenſe ; mais où les trouver ces hommes ſi laborieux ? Ce ne pouvoit être dans la nobleſſe, deſtinée aux fonctions brillantes de la guerre & du commandement : des officiers militaires, ſans ceſſe obligés de s'éloigner des ports & des arſenaux, ne pouvoient ſe livrer à cette adminiſtration paiſible & continue, & à tous les détails de la conſtruction & de l'équipement des vaiſſeaux. On forma donc un corps toujours ſubſiſtant pour la manutention intérieure.

L'Ami.

N'eſt-ce pas le corps de l'Adminiſtration dont vous voulez parler ?

Le Commiſſaire.

Vous avez raiſon ; mais dans le commencement qu'il a été établi, on le nommoit *la Plume*, par contraſte avec *l'Epée*. Pour entrer dans ce corps, il falloit avoir des connoiſſances, des talens, & beaucoup d'ardeur pour le travail. Comme les fonctions auxquelles ils étoient deſtinés ſe multiplioient & varioient à l'infini, il falloit auſſi un très-grand nombre de ſujets pour les remplir. Les fonds de la Marine n'étant point ſuffiſans pour payer ce corps à proportion de ſes ſervices, on n'y donna que des appointemens très-modiques, mais on compenſa par les honneurs & la conſidération ce qu'on lui refuſoit du côté de la fortune ; on commença par le ſouſtraire à l'autorité de l'épée ; on excita ſon émulation, on y établit des grades & une hiérarchie dont voici la gradation. *Ecrivains, écrivains principaux, Commiſſaires ordinaires, Commiſſaires généraux, Intendans & Conſeillers d'état, avec la perſpective de parvenir au Miniſtere.*

L'Ami.

Voilà un ordre admirable, & qui auroit bien dû enflammer les cœurs de tous ceux qui compoſoient le corps de la *Plume*.

Le Commiſſaire.

Ce n'eſt pas tout : on ajouta depuis le grade d'*éleve* avant celui d'*écrivain* ; c'étoit une école dans laquelle il falloit paſſer avant que d'entrer dans le corps de la *Plume*, qui dès-lors, ſe trouvant égal en nombre de grades à celui de l'épée, marchoit parallèlement avec lui. L'Elève avoit rang de Garde-Marine ; l'Ecrivain, d'Enſeigne ; l'Ecrivain Principal, de Lieutenant ; le Commiſſaire, de Capitaine ; le Commiſſaire général, de Chef d'Eſcadre ; & l'Intendant, de Lieutenant Général.

L'Ami.

Mais quelles étoient positivement les fonctions des officiers de la *Plume ?*

Le Commissaire.

Elles étoient considérables ; les voici : 1°. la visite, l'achat, la recette & l'emploi de toutes les matières servant à la construction, à l'équipement, & à l'armement des vaisseaux ; 2°. l'admission, la formation, la Police & la levée des matelots.

Dès que le vaisseau étoit armé & en mer, le Capitaine devenoit dès ce moment le maître absolu dans son bord ; & l'officier de plume n'étoit plus que l'économe des effets du Roi, & l'historien des fautes, ou des succès des représentans de Sa Majesté.

L'Ami.

Combien cet équilibre salutaire dura-t-il de tems ?

Le Commissaire.

Il a subsisté, mon cher, jusqu'au Règne de Louis XVI, à quelques modifications près. Par exemple, ce fut le Duc de Praslin qui donna à la *Plume* le titre plus honnête de Corps d'Administration ; & depuis, sous le Ministère de M. de Boynes, on accorda à plusieurs de mes confrères, ainsi qu'à moi, des croix de S. Louis.

L'Ami.

Qui donc dérangea cet ordre & cette harmonie si intéressante ?

Le Commissaire.

Hélas ! vous devez bien vous en douter ; c'est le Porteur de cette perruque. Cet homme, d'abord simple Conseiller au Châtelet, moyenant une finance de 125 louis, étoit parvenu au grade de Lieutenant de Police, c'est-à-dire, du troisième Commis du Prevôt de Paris ; il devoit rester dans ce poste, qu'il remplissoit assez bien au désavantage des filoux.

Quoique Espagnol d'origine , il n'avoit point la fierté ni l'arrogance de ce peuple ; il étoit au contraire bas & rampant ; il s'étoit enrichi dans sa place de Lieutenant de police par toutes sortes d'intrigues & de malverfations, qu'il pouvoit facilement voiler ; il étoit sous différens prête-noms , & sans débourser un sol, affocié à des communautés de marchands & de fabriquans , à des entrepreneurs à qui il faisoit avoir des privilèges ; & c'est par toutes ces voies ténébreufes qu'il étoit devenu feigneur fuzerain de plus de 200,000 liv. de rente , tandis qu'avant fa Lieutenance de Police il ne jouïffoit pas de 1200 l. de revenus. Tel est le perfonnage qui , ne connoissant que les tours des filoux , & la maniere d'avoir des efpions, est devenu tout-à-coup Premier Ministre de la Marine, fans avoir jamais vu d'autres navires que dans des tableaux ou des gravures.

Porté à un grade auquel il n'entendoit rien, il a été obligé de s'en rapporter à des protègés, dont il a fuivi les conseils. Ces Mentors, fe trouvant pofitivement dans le parti de l'Epée, ont fait entendre à leur vieux Télémaque, qu'il pafferoit pour plus fage & plus intelligent que tous fes prédéceffeurs, s'il vouloit détruire & renverfer ouvertement le fiftême & les principes du grand Colbert, & former un nouveau code de Marine.

L'Ami.

Voilà pofitivement le portrait qu'a fait prophétiquement Greffet :

" Des protégés fi bas, un PROTECTEUR SI BETE ! „

Et comment donc s'y font - ils pris dans cette noble entreprife ?

Le Commiffaire.

C'est ce que je vais vous apprendre : ces Meffieurs firent d'abord fupprimer le Corps des officiers

de

de l'Adminiſtration & celui de l'Epée fut chargé de remplir la deſtination de la *Plume* dans toutes les parties du ſervice ; on a laiſſé néanmoins à quelques-uns de l'ancienne Adminiſtration les regiſtres & la caiſſe de la Marine quand ils ſont à terre ; mais ſeulement pour écrire ſous la dictée des officiers, & fournir des fonds à leur volonté; ils ſont abſolu-ment exclus de toutes fonctions ſur mer. Tel eſt le réſultat de pluſieurs Ordonnances multipliées & très-diffuſes rendues par le nouveau Miniſtre de la Marine depuis 1776.

L'Ami.

Faites-moi ſentir , je vous prie, tous les abus & les inconvéniens qui réſultent de ce bel établiſſement.

Le Commiſſaire.

Ils fourmillent; je vais vous en expliquer les principaux.

1°. En confiant ainſi aux officiers militaires de la Marine, la direction des travaux relatifs à la conſ-truction , au gréement & à l'équipement des vaiſ-ſeaux, on les ſuppoſe plus inſtruits dans la théorie qu'ils ne pouvoient l'être du tems de Louis XIV , mais cette ſuppoſition eſt bien éloignée de la réalité; je ſoutiens au contraire qu'il règne dans le corps de l'Epée beaucoup d'ignorance, qui réſulte néceſ-ſairement de la manière de recevoir & d'inſtruire la jeuneſſe deſtinée à la profeſſion de la Marine ; la condition de ne prendre les Gardes de la Marine que dans la nobleſſe , & le préjugé, qui, mettant ce ſervice au-deſſous de celui de terre, n'y deſtine que les cadets , ou les gentilshommes ſans fortune ; ces deux conſidérations , jointes à la néceſſité d'y entrer de très-bonne heure , pour obtenir des grades longs à par-courir, font que ces enfans , arrivant dans les ports, ſavent à peine lire & écrire , & ſont dénués de ces connoiſſances préliminaires qui répandent dans les

D

autres la méthode, l'ordre & la clarté, chofes indif-
penfables dans le travail de l'efprit.

2°. Le métier d'un excellent marin eft fi difficile par lui-même, & demande une pratique fi
conftante, que c'eft lui faire beaucoup de tort, en
le chargeant d'occupations fédentaires.

3°. Les détails minutieux, dans lefquels l'Adminiftration étoit obligée d'entrer, feront fouvent in-
terrompus, quand ce feront des officiers de mer qui
s'en chargeront; & par conféquent toute la partie
effentielle de la *Plume* ceffe & s'anéantit.

4°. On fait que l'efprit économique ne peut fe
fuppofer dans ceux contre qui il eft fpécialement
dirigé; cependant, d'après le nouveau fyftême, le
corps de l'Epée n'étant plus furveillé par l'Adminiftration, n'étant comptable de rien, n'envifageant
que le brillant de fon expédition & fa commodité
perfonnelle, fe trouvant à même de fe pourvoir en
abondance & fans oppofition de qui que ce foit,
ne fe refufera rien : les chofes néceffaires ne lui
fuffiront point, il fe pourvoira du fuperflu avec
un excès de luxe très-dangereux; il s'adonnera à la
moleffe, manquera de cette vigilance continuelle,
qualité effentielle d'un chef à la mer; & gare à une
défaite, à la première action fur mer qu'il y aura.

5°. Quel tort énorme n'en réfultera-t-il pas pour
le Roi par la négligence, le gafpillage, & les dé-
prédations que l'Adminiftration n'eft plus chargée
de contenir ?

M. le Commiffaire alloit continuer, & j'en aurois appris bien davantage, car il paroiffoit très-
inftruit, lorfqu'un laquais vint prendre mon afyle;
on le mit avec fon contenu dans une boëte, que
l'on portoit je ne favois où, ce que je n'ai appris
qu'au bout de cinq à fix heures, lorfqu'on m'a rendu
à la lumière.

CHAPITRE XIV.

Changement de situation. Dialogue très-curieux de M. Benjamin Le Franc & son Voisin au sujet du Docteur Franklin , & de ses avantures , de son économie , de son électricité , & de son élévation.

JE vis une salle basse meublée comme je n'en avois jamais vue. C'étoit à l'entour des murailles un triple rang de ces forêts postiches , telles que celle où j'étois , mais cependant dans différentes formes ; les unes étoient rondes , d'autres avoient des paquets d'arbres réunis qu'on nommoit des marteaux , parce qu'étant bien pressés & mastiqués ils étoient durs comme du fer ; celles-ci avoient leur garniture postérieure d'une longueur démesurée, dont le bout cependant étoit cerclé ; on prétend qu'elles donnoient de la raison à ceux qui les portoient , & une capacité suffisante pour décider de la vie & de la mort de leurs concitoyens ; celles-là à-peu-près dans le goût de la mienne , étoient destinées pour Messieurs de la Faculté, & leur donnoient l'intelligence d'approfondir les secrets de la Nature , & les causes de tous les maux qui affligent le genre humain , sans cependant pouvoir y remédier efficacément.

Dès que la mienne fut présentée , le maître de la maison la mit honorablement sur la plus belle tête de bois qu'il y eut dans la boutique , & la fit placer avec distinction sur une tablette. Je vis plusieurs étrangers entrer & sortir de cette salle , les uns pour se faire enlever jusqu'à la racine , avec un instrument d'acier , ces tiges qui sont cependant créées pour faire le plus bel ornement de leurs figures; les autres pour simétriser & nourrir les arbres de leurs forêts. Ces Messieurs n'étoient point les premiers financiers de Paris; leur parure n'étoit pas recherchée; ils ne paroissoient pas non plus avoir de politesse, ni profiter d'une éducation brillante; mais ils paroissoient contens, ils rioient de bon cœur, ils avoient un esprit naturel qui suppléoit au défaut de la civilité & qui ne laissoit pas que de me divertir.

Un d'entr'eux, cependant, plus instruit que les autres, raisonnoit beaucoup sur les loix & la coutume de Paris, qu'il paroissoit connoître; il avoit été, à ce qu'il disoit, Clerc de Notaire, ensuite de Procureur, & insensiblement il étoit parvenu au poste honorable de Commis du Secretaire d'un Conseiller de Grand-Chambre; il m'a beaucoup diverti par le raisonnement suivant, qui avoit une très-grande analogie avec celui que faisoit M. l'Impudent *qui gouvernoit une vieille femme, qui gouvernoit un vieil homme, lequel gouvernoit à son tour*, &c. Voici celui de ce petit Magistrat.

» Le Parlement de Paris représente le Roi; la
» Grand-Chambre de ce Parlement est celle où l'on
» juge les affaires les plus importantes concernant
» l'honneur & la fortune de tous les François; le
» rapporteur de chaque procès, par la tournure
» qu'il lui donne, fait pancher la balance comme il
» veut, pour ou contre; le rapporteur le plus oc-
» cupé de la Grand-Chambre est M. l'Abbé P...r;
» il a trop d'affaires pour pouvoir les examiner par
» lui-même, & s'en rapporte à l'extrait que lui en
» donne son Sécretaire. Celui-ci, ayant aussi trop
» d'occupations, me charge de sa besogne. Je fais
» donc les extraits des procès à ma fantaisie, & j'y
» joins la note du jugement que je crois devoir
» être rendu, dans la forme que je prescris; mes

» extraits font remis au rapporteur qui les lit , ou
» eſt cenſé les lire au Parlement ; la note du juge-
» ment que je preſcris devient l'arrêt définitif ; con-
» féquemment je fais faire au Parlement ce que je
» veux , & je deviens , ſans qu'il s'en doute , le
» maître de l'honneur , de la fortune & quelquefois
» même de la vie de mes concitoyens. »

La converſation ſur cet objet ayant ceſſé , on
raiſonna de la guerre , car tout le monde s'en mêle ,
tant bien que mal ; on étoit encore ſur ce chapitre ,
lorſqu'un pauvre malheureux , mais cependant mis
honnêtement , & qui avoit déja parlé aſſez bien près
d'un quart d'heure , prit le raſoir des mains d'un
garçon de la boutique ; il ſe raſa ſans ſavon , ſe
donna enſuite un coup de peigne bien léger , mit
très-modeſtement de la poudre ſur ſes cheveux , &
enſuite vint ſe remettre auprès de moi pour continuer
la converſation qui l'intéreſſoit , & que voici.

DIALOGUE ENTRE BENJAMIN LE FRANC ET SON
VOISIN.

Le Voiſin.

Il paroît, Monſieur , que c'eſt par économie que
vous êtes ſi réſervé dans votre parure.

B. le Franc.

Vous croyez badiner , mais rien n'eſt plus vrai ;
Monſieur (parlant du maître de la maiſon) veut
bien me permettre de venir ainſi faire ma toilette
chez lui deux fois par ſemaine , & il ne m'en coûte
qu'un ſol , chaque accommodage.

Le Voiſin.

Il paroît que vos revenus ne ſont pas bien conſidé-
rables.

B. le Franc.

Je n'ai que 119 l. 10 l. par an ; ce qui me fait
juſtement 6 ſols par jour.

Le Voisin.

Et comment pouvez-vous vous soutenir avec si peu ?

B. le Franc.

Très-bien ; vous n'êtes pas habitué à vous contenter de peu ; pour moi, je suis un tiers plus riche que ne s'est trouvé pendant long-tems un homme de très-grand mérite, d'un génie supérieur, & qui est actuellement Ambassadeur à la Cour de France.

Le Voisin.

Vous me surprenez ; nommez-le moi donc, je vous prie.

B. le Franc.

C'est le Ministre Plénipotentiaire du Congrès Amériquain.

Le Voisin.

Quoi ! Le fameux Docteur Benjamin Franklin ?

B. le Franc.

Lui-même. Il n'a eu pendant long-tems que 4 sols par jour, & il étoit heureux.

Le Voisin.

Je l'avois cru médecin. Pourquoi donc prend-il le titre de Docteur ?

B. le Franc.

On peut être Docteur dans toutes sortes de professions, il ne s'agit que d'y exceller. *Docteur*, veut dire docté, savant ; & je suis très-surpris que les médecins se soient arrogé cette prérogative, car il y a parmi eux de grands ignorans.

Le Voisin.

D'après ce que vous dites, je ne suis point surpris que les médecins se soient attribué cette qualité, mais ce que je ne puis concevoir, c'est que le peuple ait été assez simple pour la leur donner. Laissons-là ces Messieurs ; savez-vous l'histoire de M. Franklin. Ici l'on en raisonne, tantôt d'une manière, tantôt d'une autre, & l'on n'eſt certain de rien ſur ſon compte.

B. le Franc.

Très - volontiers; je vais vous dire ce que j'en fais.

M. Franklin eſt né à Boſton de père & mère qui lui ont donné une très - foible éducation, car ils n'étoient pas riches; ſon premier métier fut d'être ouvrier dans une imprimerie. Le voilà donc, de fait, devenu *homme de lettres*; car vous ſavez, mon voiſin, qu'un imprimeur eſt, plus que tout autre, *homme de lettres*, puiſque ſans imprimeurs il n'y auroit pas de livres. Il gagnoit par jour à peu-près ſon petit écu, & toujours il s'inſtruiſoit par la lecture des livres de la bibliothèque de ſon bourgeois; il aimoit par - deſſus tout les leçons de phyſique de l'Abbé Nollet & ſes recherches ſur l'électricité; ce fut là ſon goût, & il s'y adonnoit dès qu'il avoit du tems à lui.

Au bout de quelques années il eut envie d'aller s'établir à Philadelphie, ville beaucoup plus conſidérable que Boſton, & où il pourroit plutôt trouver à faire fortune qu'ailleurs; il s'y rendit donc. Comme il étoit encore jeune, il y dépenſa en peu de tems le fruit de ſes épargnes & de ſon économie de Boſton, & fut obligé de ſe mettre chez un autre imprimeur à Philadelphie, où il reſta environ quatre ans. Il trouva le moyen d'amaſſer dans cet intervalle au moins 60 guinées; alors, s'ennuyant de ſon métier, il fit une découverte importante dans ſes obſervations ſur la phyſique; c'eſt qu'un homme puiſſe vivre, ſe loger, & s'entretenir avec 4 ſols par jour. » C'eſt bon, dit-il, avec l'argent que j'ai mis » de côté je puis aller loin, en me contentant de ce » modique revenu.

Alors il quitta ſon imprimeur, ſe mit dans ſon

particulier, & vécut ainſi pendant pluſieurs annéeś
avec 4 ſols par jour.

Le Voiſin.

Mais comment pouvoit-il faire ? Cela me paroît
impoſſible.

B. le Franc.

Rien n'eſt plus ſimple cependant ; il ne s'agit que
de vouloir. Mon modèle, car je le regarde ainſi,
achetoit pour 3 ſols de pommes de terre, qui lui
ſervoient de pain & de bonne chair, le tout enſem-
ble, & il avoit de quoi ſe nourrir avec cela pour
une ſemaine : un boulanger les lui faiſoit cuire pour
un demi-ſol : il achetoit par jour pour un demi-ſol
de lait ; &, tout compte fait, cela lui faiſoit 7 ſols
de dépenſe par ſemaine pour ſa nourriture. Il logeoit
dans une guérite à 1 ſol par jour, parce qu'il vouloit être bien & commodément, car il auroit pu
avoir un appartement à meilleur marché, s'il l'eut
voulu. Il buvoit de la petite bierre & de l'eau. La
bierre ne lui revenoit pas à 2 ſols par ſemaine, &
il mettoit de côté le reſte pour ſon entretien. Quant
à ſon blanchiſſage, il n'avoit recours à perſonne,
non plus que pour rapiéceter ſes bas & ſon linge.

Calculons maintenant, & vous verrez s'il lui étoit
difficile de vivre à ce prix.

Quatre ſols par jour, lui en faiſoient par ſemaine,
vingt-huit.

Ses pommes de terre lui coûtoient par ſemaine,
    avec la cuiſſon & le lait — 7 ſols ci   7 ſ.
Son logement faiſoit un objet de   7
Et ſa bierre lui revenoit à 2 ſols ci   2
                             ———

                 Total, 16 ſols

Vous voyez que de 28 ſols il lui en reſtoit encore
12, pour faire le garçon.

Le Voisin.

Votre compte est clair ; il n'y a point à le con-
tredire ; mais moi qui gagne un petit écu par jour,
j'ai bien de la peine à vivre ; comment cela se fait-
il donc ?

B. le Franc.

C'est que vous n'êtes pas un Docteur comme lui.

Le Voisin.

Mais comment un Gentilhomme de 4 sols par
jour a-t-il pu s'élever au point où il se trouve ?

B. le Franc.

Cela s'est fait petit-à-petit. Ce gentilhomme est
devenu très-profond dans l'électricité ; il forçoit le
tonnerre de tomber où il l'ordonnoit, il lui comman-
doit de s'éloigner, & le tonnerre s'éloignoit. Il faisoit
des choses surprenantes ; il électrisoit un chien de
l'autre côté de la rivière, & le faisoit crier, comme
un martyr, sans que le pauvre chien se doutât de
l'auteur de ses souffrances. C'est par ces talens rares
& merveilleux, qu'il parvint à être nommé collecteur
ou receveur des droits du Roi d'Angleterre à Philadelphie, ce qui lui valoit 500 liv. sterlings (environ
12000 liv. argent de France) par an.

Le Voisin.

Oh , oh ! Cela lui faisoit bien des 4 sols par jour. Et
comment pouvoit-il venir à bout de les consommer ?

B. le Franc.

Il s'en acquittoit le mieux du monde ; il avoit
une femme, des enfans, du bon vin dans sa cave,
du rum, de l'eau-de-vie, & une très-bonne table ;
il étoit alors zélé Royaliste , parce qu'il y alloit de
son avantage. Il procura à son fils du service dans
les troupes ; & celui-ci, ferme dans son devoir &
son attachement à sa Majesté Britannique, est encore Gouverneur pour le Roi de la nouvelle Jersey.
Quant à ses intérêts personnels , il les entendoit

très-bien, & peut-être trop bien, si on en peut juger par ce qui a suivi, car au bout d'un tems assez considérable, on le remercia très-poliment, & l'on donna sa place à un autre.

Le Voisin.

Il étoit donc revenu à ses 4 sols par jour. Cela devoit lui paroître très-désagréable.

B. le Franc.

Aussi fit-il tout ce qu'il put pour pouvoir être rétabli dans son poste, mais il n'y réussit point; de là vint son animosité & son inimitié contre son Roi, & même contre le Gouvernement Britannique.

Le Voisin.

Mais que fit-il donc pour se soutenir?

B. le Franc.

Ayant vu dans l'électricité qu'il existoit du feu en tout & par-tout, il s'imagina qu'il pouvoit en tirer parti pour vivre sur le *bon ton*. En conséquence il électrisa tous les esprits Amériquains, & leur donna à entendre que les douleurs qu'ils éprouvoient leur venoient du Palais de St. James à Londres; que dans ce Palais on avoit résolu de les regarder comme des peuples dans la servitude, & de leur faire payer arbitrairement toutes les taxes & les impots que le caprice & l'intérêt pouvoient enfanter. Il n'en fallut pas davantage pour exciter ces pauvres patiens à la révolte; Benjamin Franklin fut envoyé à Londres pour faire des propositions de leur part, qui parurent trop impérieuses & même insultantes à la Majesté du Trône; elles furent rejettées; l'électriseur s'en doutoit bien. De retour dans son pays, il représenta des torts de la part du Gouvernement Britannique qui n'existoient point; il enflamma les esprits, leur conseilla de secouer le joug chimérique de la mère contrée: il leur promit une liberté qui devoit faire leur bonheur &

celui de leurs enfans , il voulut bien être leur Législateur , il établit une forme de Gouvernement Républicain , & le mit fous le DESPOTISME DU CONGRÈS.

Le Voifin.

Mon cher , il paroît que vous faites un beau portrait de votre héros ; mais comment prétendez-vous être fon imitateur ?

B. le Franc.

Ce ne fera certainement pas en cherchant à détourner les François de leur devoir & de leur attachement pour le Roi. Je ne fuivrai mon mentor que dans la première partie de fa vie , c'eft-à-dire, me contentant d'abord de très-peu , comme je fais à préfent , & m'inftruifant dans quelque talent fupérieur, pour me rendre capable de poff. éder une bonne place dans les fermes.

M. le Franc ne put continuer , parce qu'on vint lui dire qu'un caroffe l'attendoit à fa porte. Un caroffe ! C'étoit la première fois qu'il recevoit un pareil honneur : il quitta donc fon voifin , & ne me donna pas le plaifir de favoir fon hiftoire particuliere , qui devoit être originale , étant calquée fur un fi bon modèle.

CHAPITRE XV.

Notre héros trouve un bon maître avec qui il voyage ;
ils vont à Bruxelles. Dialogue fur l'Auteur des
annales du dix-huitième fiècle & fa maîtreffe , &
fur leurs avantures tant à Paris qu'à Londres.

QUAND M. Benjamin le Franc eut fini l'éloge hiftorique de M. Benjamin Franklin , pendant lequel tous les affiftans avoient gardé un profond filence , chacun voulut parler , & l'on raifonna fur le bonheur. — Il faut avouer , difoit l'un , que l'on peut vivre de très-peu & s'éviter bien des peines , des fatigues , & des embarras. — L'eftomac de M. Franklin , difoit un autre, quand il n'étoit qu'à 4 fols par jour, ne confommoit pas moins de nourriture qu'actuellement, qu'il a une très-bonne table ; & je foutiens qu'il étoit alors plus heureux. — Comment cela , lui demanda le maître de la maifon ? — C'eft, répondit-il, parce qu'il n'avoit point dans ce tems de remords de confcience ; au lieu qu'il *doit avoir actuellement l'ame bourrelée.* — Non, dit un quatrième , il eft des criminels fi coupables , que la confcience ne leur reproche plus rien.

Pendant tout ce beau colloque , on prit la perruque où j'étois réfugié , & l'on fe mit après. A force de la taper & retaper , on m'en chaffa , & l'on me fit tomber fur le peignoir d'un voifin que l'on accommodoit & qui avoit de très - beaux cheveux naturels ; j'eus l'adreffe d'y pouvoir parvenir avant que fa toilette fut finie & le peignoir ôté.

C'eft dans ce nouvel afyle que je commençai à refpirer : je m'y trouvois feul , mais la folitude devenoit pour moi une confolation & même un agrément. J'avois déja parcouru la moitié de ma carrière pour le moins ; la fougue des paffions , & la chaleur de mon tempérament étoient prefqu'éteintes ; depuis quelque tems même je cherchois à être philofophe : maintenant je vais le devenir bien davantage.

Mon nouvel hôte étoit prêt de faire un voyage dans les Pays-Bas Catholiques, pour voir s'il pourroit s'y placer ; & de-là , s'il n'y trouvoit rien qui lui convint , il devoit fe rendre , foit à Londres , foit à Amfterdam. Comme je n'avois jamais quitté Paris, ni Verfailles , je fus enchanté de pouvoir ainfi voyager. Je souhaitois sur - tout voir l'Angleterre , ce pays ennemi de la France, Souverain des mers , & devenu presque le plus puissant de l'Europe : je savois que l'on pouvoit y vivre avec la plus grande liberté ; que l'on y rencontroit des hommes, & non des esclaves. Je désirois beaucoup que mon camarade put se décider à se rendre à Londres & à m'y conduire ; mais je craignois qu'il ne survint quelque obstacle qui fit évanouir toutes mes espérances ; heureusement tout alla au gré de mes désirs , & vous me trouverez à Londres au Chapitre suivant. Je vais simplement dans celui - ci vous faire connoître le personnage qui devint mon camarade pour plus de trois semaines , & les avantures qui nous sont arrivées en route.

Ce camarade étoit un homme d'esprit , qui avoit beaucoup lu , étudié , mais qui n'avoit pu faire fortune en France , parce que , disoit-il , comme *Jesus-Christ* ; *nul n'est prophète dans son pays.* Comme il savoit assez bien la langue ; il s'étoit fait un plan, c'étoit de montrer le François en pays étranger ; il avoit plusieurs lettres de recommandation tant pour Bruxelles que pour Londres & Amsterdam ; de sorte que , ne réussissant point dans un endroit , il pouvoit être plus heureux dans un autre. Je ne pouvois mieux tomber ; & , pour qu'il me conservât avec lui pendant tout le chemin, j'eus l'attention de ne lui faire aucune piquûre , de ne le gêner en rien, de me contenter de la simple nourriture que ses perruquiers me présentoient.

Nous nous mîmes donc en route par la diligence de Bruxelles, où nous arrivâmes le troisième jour, sans qu'il y eut rien d'intéressant que j'aye pu remarquer. Le lendemain de notre arrivée dans cette ville , nous allâmes faire une visite à un réfugié François, qui a fait beaucoup parler de lui; il se nomme

L..g..t. Mon camarade avoit une lettre de recommandation auprès de lui ; on nous fit attendre une bonne heure dans une anti - chambre ; après quoi nous entrâmes. — *Bon jour mon ami*, dit-il à mon camarade ; *il paroît que votre protecteur se porte bien, d'après les nouvelles qu'il me donne de sa santé, je ne demande pas mieux que de vous rendre service, puisqu'il m'en prie, mais revenez demain ; car pour aujourd'hui j'ai trop d'occupations.* Cela suffit, Monsieur, répondit mon compagnon ; à quelle heure vous plaira-t-il de me donner audience ? *A midi*, repliqua M. L..g..t ; &, en disant ces derniers mots, il nous laissa. Je n'eus pas trop le tems de l'envisager, parce que cette première séance fut trop courte ; mais je me promis bien de m'occuper sérieusement de sa figure le lendemain.

Mon camarade me conduisit le soir à la Comédie : on nous fit remarquer le Prince *Charles*, Gouverneur Général des Pays-Bas, qui y est aimé & chéri jusqu'à l'adoration, c'est ce que j'ai entendu dire à tous ceux qui nous environnoient.

Au sortir de la Comédie, mon camarade fut conduit, par un homme qui s'étoit trouvé auprès de lui au spectacle, dans une espèce de cabaret que l'on nomme *estaminée*, où l'on voit bonne compagnie dans le bourgeois. Ils soupèrent ensemble, &, tout en soupant, la conversation tomba sur Mr. L..g..t.

DIALOGUE SUR LE FAMEUX AUTEUR DES ANNALES DU XVIII. SIECLE.

Mon Camarade.

J'ai une lettre de recommandation pour lui ; je l'ai déja été voir ce matin, mais il n'a pas eu le tems de me donner audience ; & m'a remis à demain.

Le Flamand.

Je le crois bien ; il tranche du grand ; il fait l'hom-

me d'importance. Comment avez-vous trouvé son
PUITS DE LA VÉRITÉ?

Mon Camarade.

Je ne vous comprends pas.

Le Flamand.

Mr. L..g..t eſt le ſeul homme qui ait le courage de
dire la VÉRITÉ dans ſes annales ; car tous les autres
auteurs, & ſur-tout les journaliſtes, ne débitent que
des impoſtures : cette pauvre VÉRITÉ étoit enſevelie
dans le PUITS où la perverſité des hommes avoit
forcé cette *Fille du Ciel* à ſe retirer. Lui ſeul a eu
la noble hardieſſe de lui tendre une main ſecourable,
& de la préſenter à l'Europe étonnée. Voilà pourquoi la maiſon de plaiſance où il réſide a pris le nom
du PUITS DE LA VÉRITÉ.

Mon Camarade.

Vous parlez, je crois, ironiquement.

Le Flamand.

Je parle d'après lui-même ; car je me ſers de ſes
propres expreſſions.

Mon Camarade.

Il paroît avoir un peu d'amour-propre, mais,
dites-moi, je vous prie, s'il eſt aimé dans ce pays,
car je ſais qu'il avoit de furieux ennemis en France.

Le Flamand.

Il n'y eſt point haï, tant qu'il n'y fait point de
mal, & qu'il ne cherche point à calomnier notre
Gouvernement. Juſqu'ici on n'a guères à ſe plaindre de lui ſur cet objet ; il s'eſt fait le bon ami de
l'*Aman* ou Lieutenant de Police de cette ville, en le
flattant dans ſes Annales : de ſorte que, s'il venoit
quelques ordres de France pour l'arrêter, ſon ami
le préviendroit ; en conſéquence il eſt aſſez en
ſûreté pour ſa perſonne ; mais ce que l'on n'aime
point en lui, c'eſt que ce *ſauveur de la vérité* donne
ici le plus mauvais exemple de libertinage qu'il ſoit

possible , en vivant publiquement avec une femme qui passe pour sa maîtresse , toute laide qu'elle soit.

Mon Camarade.

Je sais de qui vous voulez parler ; mais à cet égard , il est plus à plaindre qu'à blâmer.

Le Flamand.

Comment cela ?

Mon Camarade.

Il paroît que vous ne savez pas son histoire ; je vais vous la raconter : mais, auparavant, dites-moi si vous l'avez vue quelquefois.

Le Flamand.

Oui, assez souvent ; on les voit de tems en tems à la Comédie ensemble. Voici son portrait, vous me direz si c'est bien elle.

Cette femme, qui peut avoir environ trente-six ans, est un colosse pour la hauteur & la grosseur de sa taille ; elle a le front élevé, les cheveux bien plantés, des sourcils larges & bien touffus, de grands yeux très-noirs & bien fendus, un gros nez de perroquet, des lèvres enfoncées, un large menton, & de la barbe comme un Capucin ; on pourroit dire que c'est une figure de soldat aux gardes habillé en femme : nos Flamandes ne sont pas en général très-propres : mais celle-ci renchérit encore sur la malpropreté.

Mon Camarade.

Je vois que vous la connoissez bien ; voici maintenant comment elle est devenue la maîtresse de Mr. L...g..t.

Celui-ci s'étoit mis à dos tout le corps des Avocats de Paris, le Parlement de *Maupeou*, le Parlement *Hüe*, tous les gens de lettres, l'Académie Françoise & les Ministres. Ne pouvant plus exercer sa profession d'Avocat, ne pouvant plus continuer à Paris son métier de journaliste, & craignant quelque lettre

de

de cachet , il ne favoit à quel faint fe vouer. Cet *ange femelle* , à qui il avoit rendu des fervices dans deux ou trois procès, fe préfenta à lui, & lui dit : « L...g..t, vous êtes bien embarraffé , vous n'avez
» point d'argent, & vous ne pouvez refter en France ;
» vous n'avez de reffource que dans votre biblio-
» thèque, il ne faut pas la vendre ; écoutez-moi. Vous
» m'avez fait féparer d'avec mon mari ; je puis
» faire de toute ma fortune environ 100,000. l.
» comptant ; je vous les donne avec *ma perfonne* ,
» & je fuis prête à vous fuivre par-tout. »

Elle s'arrête alors ; L...g..t fe jette à fes genoux, lui témoigne toute la reconnoiffance dont il fe croit capable : lui voue un attachement fans bornes , &, l'affurant de fon eftime & de fon refpect , lui jure qu'il fera fon plus zèlé ferviteur jufqu'au dernier foupir. « A l'égard du refpect, lui dit cette
» dame généreufe , je n'en exige pas , je ne veux
» que de l'amitié & de l'attachement; &, comme vous
» me les promettez, voici notre contract fait; entre
» honnêtes gens la parole feule fuffit : mais je vous
» préviens , mon cher L...g..t, que fi jamais vous
» me quittez, ce ne fera point aux Loix que je
» m'adefferai pour avoir la vengeance qui me fera
» dûe, c'eft à ma main feule que je m'en rapporterai ;
» un piftolet ou un poignard termineront vos jours.»

L...g..t ayant renouvellé toutes les affurances de fon zèle & de fon amitié , nos deux amans quittè- rent Paris & même la France. Ils voulurent & ne purent fe fixer en Hollande , & allèrent à Londres, où ils vécurent environ deux ans. Vous favez qu'il n'eft point de ciel fans nuage , & qu'il eft impoffible qu'un ménage puiffe fubfifter fans aucune altercation. Il vint une querelle dans celui-ci, qui brouilla les deux tourterelles : le mâle, peu endurant, gronda ; la fe- melle innocente ne vouloit point avoir tort, &,

en cherchant à se justifier, elle mettoit la faute sur l'autre moitié d'elle-même. Ma foi cette moitié n'y pouvant plus tenir, laissa un beau matin Madame dans sa maison, & alla prendre un autre logement en ville.

Madame fut très-surprise de ne pas le voir rentrer à la maison de la journée ; ce fut encore bien pis le lendemain. Elle fit dès ce moment toutes les démarches possibles pour le découvrir ; & y parvint : elle entra avec vivacité dans la chambre où Monsieur travailloit. « *Vous voilà donc, Mr. le* » *J . . . F . . .* dit cette colombe animée ? Où » sont mes 100,000 livres, puisque vous m'aban- » donnez ? Je ne puis vous les remettre actuel- » lement, répondit L..g..t ; mais, si vous voulez, » Je vous en ferai la rente. — Ce n'est point là ce » qu'il me faut, reprit la colombe, en tirant de sa » poche un pistolet à deux coups, & le présentant » à son amant ; je veux avoir votre personne morte » ou vive, au défaut de mes 100,000 liv. comptant ; » ainsi prenez la peine, Monsieur le drôle, de dire » votre *in manus*, ou bien de plier vos papiers & de » marcher devant moi. Allons, dépêchez-vous, je » n'aime point à attendre. » Le pauvre L..g..t trouva que la raison que Madame avoit en main étoit péremptoire ; il reprit promtement ses papiers, les mit sous son bras, fit une révérence à Madame, l'embrassa, & fut ensuite reconduit dans son ancienne maison. Il ne lui est point arrivé depuis de faire une pareille équipée, & bien lui en a pris.

Le Flamand.

Elle le mène tout-à-fait comme un enfant. Bon Dieu ! Comment un homme d'esprit peut-il faire de pareilles sottises !

Mon Camarade.

Ce sont souvent les gens qui ont le plus d'esprit qui

en font le plus , mais , dites-moi , je vous prie ;
croyez-vous qu'il puisse m'être utile dans ce pays-ci?
Le Flamand.

Peut-être oui , peut-être non ; cela dépend de
l'intérêt qu'il voudra prendre à vous. Revenez demain à pareille heure ici , vous m'y trouverez , &
vous me rendrez compte de ce qui se sera passé.

CHAPITRE XVI.

*Examen des paradoxes de L..g..t sur les Anglois &
la guerre actuelle. Pourquoi il est dévot. Histoire du
Camarade du Pou. Il va à Londres.*

CE dialogue servit à me faire connoître le personnage en question , & me donna encore plus de
désir de le voir & de l'entendre. Nous ne man-
quâmes donc pas de retourner le lendemain chez
lui à l'heure qu'il nous avoit indiquée. Il dit quelques mots à mon camarade , l'invita à dîner , ce que
celui-ci accepta , & nous laissa , pendant près d'une
heure , seuls dans sa bibliothèque , où , n'ayant rien
de mieux à faire , mon camarade parcourut les
Annales de notre hôte , & m'en lut quelques mor-
ceaux.

Le premier sur lequel nous tombâmes fit faire
à mon homme quelques observations que j'ai trouvé
judicieuses. L..g..t avoit été trois ou quatre fois aux
spectacles de Londres ; il y avoit vu jouer quelques
Tragédies ; mais , ne sachant point la langue du
pays , il n'y pouvoit rien comprendre. Les acteurs
n'étoient pour lui que des espèces de pantomimes ;
cependant il s'avise d'en devenir le juge le plus rigou-

reux, & les traite avec la plus grande févérité ; il les trouve trop emphatiques, trop gefticulant, criant au lieu de parler, &c. &c. Ce n'eft pas tout : ce Journalifte ofe mander à fon tribunal le fameux, l'incomparable GARRICK, qu'il n'avoit cependant jamais vû jouer ; *mais à en juger*, dit-il, *d'après les acteurs actuels, & en lui fuppofant encore plus de grimaces d'emphafe & de geftes que n'en ont les autres, ce devoit être un Comédien très-médiocre, bien au-deffous de nos François, même les plus foibles.* Voilà, fuivant mon camarade, un grand ridicule que fe donnoit L...g..t. Quoi ! Sans voir, fans entendre, il s'avife de juger & de condamner ! Quoi ! Lui feul aura plus de mérite & de goût que tout le Peuple Anglois ; &, pendant qu'on regarde à Londres GARRICK prefque comme un Dieu, L...g..t, l'étourdi L...g..t, le met au rang des plus bas Comédiens François. Je ne crois pas après cela, ajouta-t-il, qu'il ait été bien regardé & confidéré en Angleterre, & je ne fuis plus furpris qu'il y foit refté fi peu de tems.

Mon camarade fut très-étonné de voir dans une des dernières feuilles de ce Journalifte, qu'il cherchoit à prouver, que ce n'eft point la France qui a provoqué la guerre qu'elle a actuellement contre l'Angleterre, & que c'eft cette dernière Puiffance qui doit s'en attribuer toute la faute. Ce n'eft point, dit-il, parce que cet homme eft bon François qu'il parle ainfi, ce n'eft pas non plus parce qu'il le penfe ; mais c'eft qu'il veut faire valoir fon reffentiment contre une Nation qui n'a pas affez apprécié fon mérite, & qui ne lui a point érigé de ftatue.

Nous étions à lire encore les paradoxes de notre hôte, lorfqu'il entra pour prendre mon camarade & le conduire dans la falle à manger.

Quand nous fûmes à table, je fortis de ma retraite, &, me mettant fur une des boucles de mon camarade, je pus facilement diftinguer l'hôte qui nous traitoit. C'eft un homme de 44 ans environ, petit, grêlé de petite vérole ; mais il a des yeux vifs, &, quoi qu'il foit réellement laid, il a, malgré cela, une figure fpirituelle qui ne déplaît pas ; fon air eft dur, & il paroît fe croire plus de talens qu'il n'en a effectivement.

Madame faifoit les honneurs du repas : je trouvai que le portrait que le Flamand en avoit fait la veille étoit encore flatté, car elle m'a paru bien fâle & bien mal-propre. Comme j'étois auprès d'elle, il m'auroit été facile de pouvoir y faire mon habitation. Une feule confidération paroiffoit m'y engager, c'eft que je vis fur fa tête plufieurs de mes camarades qu'elle entretenoit très-bien, car ils étoient gras & bien portans ; mais, outre que la maîtreffe ne me plaifoit pas, ma folitude me parut encore préférable à la fociété de mes frères, & j'en voulois goûter toutes les douceurs tant que cela étoit en mon pouvoir ; ainfi, après mes obfervations fur l'extérieur, je rentrai dans mon hermitage & me mis à entendre la converfation.

J'avoue que je ne fis pas une grande attention au fujet que l'on traitoit ; il s'agiffoit de Religion, & Dieu fait comme le Catholicifme eut une grande fupériorité dans la bouche de tous les convives ; j'ai oublié de dire qu'il y avoit à table trois Prêtres, qui, par leur état, étoient payés pour vanter la Religion Romaine ; mais ce qui me furprenoit, c'étoit de voir le maître de la maifon renchérir encore fur tout ce que les Prêtres difoient.

Mon camarade parloit peu fur cet article ; il réfléchiffoit intérieurement, & voici quelle étoit fon idée. « Le pauvre L..g..t ne croit pas un mot de » la Religion Catholique ; il la compare en lui-

» même à toutes les autres Religions humaines , &
» il a raison ; mais , s'étant fait des ennemis de tous
» les autres corps de l'état , il a voulu au moins se
» faire toujours une reffource & s'eft jetté du côté
» du Clergé. C'eft-là fa fauve-garde ; cependant ,
» ajouta mon camarade , je le blâme & le trouve
» méprifable de parler ouvertement contre fa façon
» de penfer , & de chercher à vouloir prouver aux
» hommes de ce fiècle-ci des chofes qu'il regarde
» comme ridicules & abfurdes ; c'eft un vil métier que
» celui-là ; il eft vrai qu'il en tire de l'argent. —
» Je lui confeillerois donc , après s'être bien enrichi
» avec fes Annales du dix-huitième fiècle, de dire à
» tout le genre humain, *Meffieurs, vous n'êtes que*
» *des fots ; n'ayant point de fortune , je me fuis joué*
» *de vos folies pour gagner beaucoup d'argent. Voilà*
» *quel étoit mon but ; j'ai réuffi ; je fuis content.* »

L..g..t s'adreffant enfuite à mon camarade , lui
demanda quelles étoient les occupations qui pouvoient lui plaire , & à quelles études il s'étoit livré
jufqu'à ce moment ; celui-ci lui conta fon hiftoire
dont voici la fubftance.

« J'ai fait de très-bonnes études chez les Pères de
» l'Oratoire , je les ai quittés enfuite pour rentrer
» dans la maifon paternelle , mais l'état de mon
» père , & auquel il me deftinoit , n'avoit pour
» moi aucun agrément ; il étoit Médecin ; je n'ai-
» mois point à voir difféquer des corps , à affifter
» à des panfemens d'opérations cruelles , à voir
» languir des malheureux dans des maladies longues
» & aiguës , & ne pouvoir leur donner des remèdes
» certains & falutaires. Mon père lui-même , depuis
» 30 ans qu'il fuivoit cette profeffion , m'a avoué ,
» que la médecine étoit une fcience occulte , impé-
» nétrable aux plus grands génies , & que , quand
» quelques-uns de fes malades revenoient en fanté ,

» il ne s'en attribuoit point intérieurement la gloire,
» mais à la Nature feule qui avoit agi. — En ce cas,
» lui dis-je, mon père, puifqu'il eft impoffible de bien
» remplir cet état, pourquoi m'y deftinez-vous ? —
» Parce que, me répondit-il, il faut d'abord commen-
» cer par foi, & dans notre état on peut gagner beau-
» coup d'argent. Nous ne fommes, il eft vrai, que
» des Charlatans, mais des Charlatans néceffaires,
» & dont les hommes ne peuvent fe paffer ; ainfi
» autant vaut que vous le foyez qu'un autre, puifqu'il
» vous rapportera de quoi vivre.

» Toutes ces confidérations ne firent aucune im-
» preffion fur moi ; j'aimois, préférablement à tout,
» les Belles-Lettres, la Poéfie & les fpectacles ; je
» fis une Comédie, je croyois que c'étoit un chef-
» d'œuvre, & je la préfentai à la Troupe Françoife,
» qui refufa de la recevoir ; je voulus la faire im-
» primer, croyant trouver dans le Public de meilleurs
» juges que parmi les Comédiens ; l'ouvrage parut
» donc feulement en étalage devant quelques bouti-
» ques de libraires, mais perfonne ne l'acheta. Sa-
» vez-vous pourquoi ? C'eft que je n'en avois point
» envoyé d'exemplaires aux faifeurs de journaux, &
» que je ne leur avois point été rendre de vifite ;
» de forte qu'ils n'ont parlé de moi dans aucune de
» leurs feuilles, & que le Public n'a pu avoir con-
» noiffance de ma Comédie.

» Cependant, mon père voyant que je n'avois
» aucun goût pour fa profeffion, fe fâcha & me
» demanda pofitivement ce que je voulois faire,
» puifque je n'étois pas riche ; je lui dis que je
» n'avois d'autre goût que celui de la littérature,
» & que je défirois pouvoir m'y livrer. Vous vou-
» lez donc faire le métier d'Auteur, me répondit-il ;
» fi, c'eft un métier de gueux, qui vous fera végé-
» ter dans un grenier, jufqu'au moment où vous

» mourrez de faim. — Mais, lui obſervai-je, mon
» père, il y a des auteurs qui ont fait fortune & qui
» n'étoient rien auparavant ; voyez d'Alembert, La
» Harpe, Marmontel, & mille autres comme eux. —
» Ceux que vous me nommez-là, me repliqua-t-il,
» ſont la fange de la littérature, ils ne ſont point
» élevés par leur mérite, n'allez pas vous le figurer ;
» ce n'eſt que la baſſeſſe, la ſervile adulation, la
» flatterie la plus mépriſable, & des ignominies ſans
» nombre, qui leur ont procuré une eſpèce de for-
» tune qu'ils ne méritoient pas ; & j'aimerois mieux
» vous voir apprentif favetier que de ſuivre de ſi
» mauvais exemples. Ainſi déterminez-vous pour un
» métier, choiſiſſez celui qui vous plaît davantage,
» ſi-non je vous abandonne à votre malheureux ſort,
» & ne veux plus entendre parler de vous ; je vous
» donne trois jours. — Alors il me laiſſa.

» Bien incertain ſur le parti que je voulois pren-
» dre, je conſultai un Père de l'Oratoire de mes
» amis, qui m'engagea à entrer dans la Congréga-
» tion. C'eſt peut-être la meilleure qu'il y ait dans
» le monde : on ne s'y occupe que de l'éducation
» de la jeuneſſe, on n'y fait point de vœux ; vous
» en ſortez quand il vous plaît, vous n'êtes lié à
» rien, ne dépendez de perſonne, & vous reſtez
» toujours votre maître ; vous êtes ſeulement obligé
» de garder le célibat tant que vous y demeurez,
» voilà tout. Ce fut donc à cet état que je me fixai.
» Mon père ne pouvant m'en empêcher, je me mis
» dans la Congrégation de l'Oratoire à l'âge de 23
» ans, & j'y reſtai 7 ans. Ce qui m'en fit ſortir,
» c'eſt que j'avois fait connoiſſance d'une perſonne
» aimable que je voulois épouſer ; je l'aimois &
» j'en étois aimé ; mais elle avoit de la fortune, & je
» n'en avois point ; de ſorte que ſes père & mère,
» pour me donner un congé dans toutes les règles,

» la marièrent malgré elle à un homme riche & bête.

   » Il y a déja six mois que ce malheur m'est arrivé,
» j'eus beaucoup de peine à m'en consoler, cependant
» la raison a pris le dessus, & , Dieu merci , je n'en
» suis plus affecté. Maintenant je veux courir après
» la fortune ; voilà pourquoi je suis avec vous ,
» prêt à rester ici , si je crois la trouver, ou à
» l'aller chercher ailleurs s'il le faut. »

   Je vois , lui répondit L..g..t , que M. votre père
est un homme d'esprit & de jugement ; vous auriez
beaucoup mieux fait de suivre les conseils qu'il
vous avoit donnés ; mais il ne faut pas vous déses-
pérer pour cela. Vous voulez être Auteur. Hé-bien,
faites au moins quelqu'ouvrage qui puisse vous rap-
porter , mais n'imitez pas l'infamie de ces malheureux que vous venez de nommer il n'y a qu'un
instant, La Harpe , d'Alembert , &c. Ne vous
couvrez pas du même opprobre dans lequel ils sont
engloutis ; ce n'est point-là le moyen , ni de vivre,
ni d'être estimé. Prenez une route plus glorieuse &
peu connue en France ; allez à Londres.

   Le Souverain de cette nation , ajouta-t-il , est
comme un homme seul à une très-bonne table. Un
grand nombre de chiens est autour de lui. Quelques-
uns sont ses favoris , & il leur distribue tous les os de
ses assiettes. Les autres, en plus grande quantité, ne
cessent d'aboyer, tant contre les favoris , que contre
le maître , pour avoir part à la bonne chair que
celui-ci peut leur procurer au préjudice des premiers : le pauvre homme n'a pas le droit de les
chasser , & il est obligé de les entendre toujours
malgré lui , ou, s'il veut les faire taire , de leur
jetter aussi des os de sa table.

   Comme les Ministres, ajouta L..g..t , ne peuvent
rester toujours en place , mettez-vous du parti op-
posé ; écrivez pour eux , ils n'ont point d'écrivain

François dans leur manche ; vous leur ferez agréable.
Ils vous donneront d'abord une pension honnête, &
ensuite l'augmenteront, s'ils parviennent, à force
d'importunité, à chasser ceux qui ont la prédilection,
& qu'ils désirent pouvoir remplacer. Ce moyen de
faire fortune est excellent en Angleterre, quoiqu'en
France il vous conduiroit droit à la Bastille ou à Bicêtre. — Mais, lui observa mon camarade, je n'ai
guères de connoissances à Londres, & il me faudroit d'abord la faveur d'un de ces Chiens Anglois qui
aboyent si fort. — Ce n'est point-là le plus grand
embarras, lui répondit L..g..t ; &, pour vous être
utile, je vais vous recommander à deux de mes amis,
qui vous mettront au fait de tout. Revenez demain à
midi, je vous donnerai deux lettres pour Londres.

Tel fut le résultat de la protection de l'Annaliste du
dix-huitième siècle : mon camarade en fut très-satis-
fait ; il remercia sincérement L..g..t, prit le lendemain les deux lettres de recommandation, & partit
le même jour avec moi pour Ostende, où nous nous
embarquâmes dans un des quatre nouveaux paque-
bots établis par Fréderick Romberg & Compagnie
de Bruxelles, & où nous n'avions à craindre aucunes hostilités, étant sous Pavillon Impérial. Nous
eûmes un vent assez favorable, & nous arrivâmes
le second jour à Londres.

CHAPITRE XVII.

*Arrivée à Londres. Visite au Duc d'A..gné. Nouvelle
forme d'Administration que le Roi de France doit
établir en Angleterre. Le Duc d'A..gné nommé
Vice-Roi. Lettre de Louis XVI à ce Duc.*

MON camarade resta deux jours à se reposer

de ſes fatigues, & enſuite il penſa ſérieuſement à ſes affaires. Nous allâmes d'abord voir un Duc François à ſa campagne. Ce Duc nous reçut en ne peut mieux, & nous invita de paſſer chez lui quelques jours; ce que nous acceptâmes. Il demanda à mon camarade s'il connoiſſoit la Conſtitution de l'Angleterre, & celui-ci ayant dit qu'il n'en avoit qu'une teinture très-ſuperficielle, Milord lui remit le recueil de tous les diſcours vraiment patriotiques qu'il avoit débités dans le Parlement, depuis qu'il avoit été diſgracié par ſon Souverain, & chaſſé du Miniſtère. *Par le détail contenu dans ces diſcours, lui dit-il, vous ſaurez bientôt l'état du Royaume, ſa conſtitution, ſa décadence, ſa ruine future; & enſuite je vous inſtruirai des révolutions qui doivent arriver.*

Mon camarade me lut donc ces chefs-d'œuvre d'éloquence; je reconnus facilement que l'auteur étoit un de ces chiens qui aboyent pour avoir des os, & que *celui-ci aboyoit bien fort*, parce qu'il avoit jadis goûté de ces os, & que la privation lui en étoit plus cruelle que s'il n'en avoit jamais tâté.

Deux jours après, Milord s'entretenant en particulier avec mon camarade, à qui il avoit trouvé de l'eſprit & les talens néceſſaires & convenables à ſes deſſeins, lui dit: « mon ami, voulez-vous être » mon Sécretaire des Affaires Etrangères? C'eſt la » partie la plus délicate que je vous confierai; elle » exigera de votre côté le plus grand ſecret; cepen- » dant je ne vous donnerai point de forts appointe- » mens pour le préſent, mais par la ſuite, vous pou- » vez compter ſur une fortune très-brillante & un » poſte très-avantageux ». Mon camarade, à qui il étoit indifférent d'être pour ou contre en pays ennemi, accepta & promit tout ce qu'on voulut.

Alors le Duc lui montra une lettre d'un Miniſtre

François très-connu , contenant la forme de la nouvelle Administration que le nouveau Conquérant de l'Angleterre devoit établir dans ce Royaume. Je fis la plus grande attention à la lecture d'une piéce auſſi importante , & je vais en donner à-peu-près le contenu.

LETTRE DE MR. LE COMTE DE V..G..NES ,
MINISTRE DES AFFAIRES ÉTRANGERES ,
A M. LE DUC D'A..GNÉ , A LONDRES.

« Comme nous ne voulons & ne pouvons rien
» faire ſans vous en prévenir, M. le Duc, voici le
» projet que nous avons formé dans notre comité, &
» que nous ſoumettons à vos lumières , en vous
» priant de nous envoyer vos obſervations au plutôt.

» Auſſitôt que nous ferons les maîtres de l'An-
» gleterre , & que nous nous ferons aſſurés du Roi ,
» de la Reine , & de toute la Famille Royale, on
» conduira leurs Majeſtés, avec tous les honneurs
» dus à leur ancienne Dignité, à St. Germain en
» Laye , où ils auront une Cour telle que leurs
» revenus le permettront. Il ne tiendra qu'à eux
» d'être amis du Roi , & de venir le voir à Ver-
» ſailles , & dans ſes autres Châteaux.

» Le Roi leur accordera deux millions de rente ,
» qui feront payés très-exactement tous les trois
» mois.

» Le Roi George ſe défiſtera de ſon côté , de
» l'Electorat d'Hanovre en faveur du Prince de
» Galles ſon fils, à condition , 1°. que ce jeune
» Prince renoncera à ſa Principauté de Galles , &
» n'en portera plus le nom , 2°. qu'il reſtera tou-
» jours en France , où il dépenſera les revenus de
» ſon Electorat.

» Les autres enfans mâles du Roi George entre-
» ront tous dans l'Etat Eccléſiaſtique , après avoir

» préalablement changé de Religion; on leur don-
» nera les meilleurs Archevêchés de la France, &
» on leur fera avoir des Chapeaux de Cardinaux.

» Les Filles se marieront à des Princes François,
» & sa Majesté s'obligera de donner à chacune d'el-
» les une dot de deux millions.

» Ces arrangemens faits pour éviter toutes sédi-
» tions & révoltes, vous serez nommé VICEROI de
» l'Angleterre, où il sera établi un Gouvernement
» Monarchique, comme étant le plus convenable
» au bonheur du peuple.

» Pour empêcher vos ennemis d'avoir de la ja-
» lousie contre vous, vous ferez faire le procès à
» tous les Ministres actuels, comme CRIMINELS DE
» LEZE - MAJESTÉ DU PEUPLE ANGLOIS , & vous
» les enverrez tous à *Tiburn* , où ils seront exécutés
» aux acclamations & cris de joie de tous les assis-
» tans.

» Toutes taxes & les impôts actuellement sub-
» sistans en Angleterre seront continués dans leur
» état actuel, jusqu'à ce que Sa Majesté puisse, pour
» le bien de ses sujets, en diminuer le poids; à
» l'exception des droits d'entrée en Angleterre sur
» les seuls vins de France, étant naturel que les
» peuples d'une même domination jouïssent du pro-
» duit respectif de leurs terroirs.

» La première chose à laquelle vous vous oc-
» cuperez, comme la plus essentielle & la plus sûre
» pour maintenir l'Autorité du Roi, sera de *faire*
» *fortifier la tour de Londres, d'y construire des forts,*
» *& de la mettre* A L'INSTAR DE LA BASTILLE A
» PARIS.

» Les LETTRES DE CACHET AURONT LIÉU EN
» ANGLETERRE, comme en France; vous seul en
» aurez la distribution à votre gré, suivant l'exi-
» gence des cas & votre prudence ordinaire.

» Quant à la Religion, comme les hommes ne
» croient plus à toutes les superstitions des derniers
» siècles, toutes les Sectes seront tolérées en An-
» gleterre, avec la seule différence que personne ne
» pourra exercer aucun poste public sans être de
» l'Eglise Romaine; vous êtes prié en conséquence,
» M. le Duc, de donner l'exemple de cette sou-
» mission à la volonté de Celui que vous représen-
» terez.

» Il n'y aura plus de Parlement d'Angle-
» terre dans la forme de celui actuel, ce
» qui ôtera toute idée de révolte, & conservera la
» paix intérieure, en prévenant toutes les dissen-
» tions & les guerres civiles; mais on établira dans
» les différentes Provinces de ce Royaume, divers
» Parlemens, dont les charges seront vénales, ainsi
» que sont établis les Parlemens en France.

» Tous ces Parlemens jugeront seulement les pro-
» cès des particuliers, & se contenteront d'enré-
» gistrer, *purement & simplement*, les Edits & Dé-
» clarations du Roi, à la première sommation qui
» leur en sera faite. S'ils jugent à propos, pour le
» bien des peuples, de faire quelques Remontran-
» ces, ce ne sera qu'après l'enrégistrement. S'ils
» contreviennent à cet ordre, ils seront supprimés,
» le prix de leurs Charges sera confisqué au profit
» de Sa Majesté, & l'on créera de nouveaux Parle-
» mens, qui seront plus raisonnables & plus soumis.

» Le Viceroi nommera à toutes les Charges,
» Emplois & Gouvernemens, tant civils que mili-
» taires, à la charge néanmoins par ceux qu'il aura
» choisis, de faire agréer leurs nominations dans le
» délai de six mois par Sa Majesté.

» Pour qu'il n'y ait plus d'antipathie, ni d'animo-
» sité entre les deux Peuples, *Anglois & François*,
» & qu'il n'y ait point de prédilection marquée,

» dans tous les actes qui feront faits en Angleterre
» au nom de Sa Majefté , elle fera qualifiée de Roi
» D'ANGLETERRE , DE FRANCE , & de Navarre , &
» la ville de Londres fera défignée fous titre de
» *Sa Bonne Ville* , ainfi que celle de Paris.

   » Il y aura habituellement en Angleterre 50000
» hommes de troupes règlées , non compris les mi-
» lices ; elles feront toujours prêtes à marcher aux
» premiers ordres que le Viceroi leur donnera. Tels
» font, à-peu-près, M. le Duc, les ordres que nous
» comptons faire exécuter, auffitôt que Sa Majefté
» fera reconnue Souveraine de votre pays. Nous
» en avons conféré avec Elle ; elle s'en rapporte à
» vous pour coopérer au mieux poffible , & vous
» recevrez par le même courier une lettre qu'Elle a
» bien voulu écrire Elle-même ; je ne doute pas de
» toute l'affection qui y règne , & que vous méritez
» à tant de titres.   Je fuis , &c.

» Signé ,   DE V..G..NES. »

Mon camarade lut auffi la lettre de Louis XVI,
dont il eft fait mention dans celle ci-deffus. Elle eft
trop à l'honneur du Duc à qui elle eft adreffée ,
pour que je n'en faffe pas auffi mention ; la voici.

LETTRE DU ROI DE FRANCE
AU DUC D'A....GNÉ.

   » *Le Compte fidèle que l'on m'a rendu , mon Cou-*
» *fin, des preuves fans nombre de votre attachement*
» *à ma Perfonne Sacrée , & de votre zèle à foutenir*
» *mes intérêts & ma gloire , ne me permet point de*
» *douter de votre fidèlité & de la continuation de vos*

» *services ; en conséquence , je vous nomme pour gou-*
» *verner en mon nom toute l'Angleterre , sous le titre*
» *de* VICEROI *, & vous recommande de traiter mes*
» *nouveaux sujets avec toute la douceur qu'il con-*
» *vient , & la même affection que j'ai pour eux. Sur*
» *ce , je prie Dieu , mon Cousin , qu'il vous ait en*
» *sa sainte garde* ».

Signé , LOUIS.

CHAPITRE XVIII.

Nouveaux malheurs arrivés à l'Auteur ; il perd son camarade de voyage. Il a une cuisse & deux pattes brûlées ; il va dans une lettre chez l'Auteur du G.n..ral Advertiser ; manufacture d'abominations contre le Gouvernement. Le Pou , après deux jours de jeune , trouve enfin un maître Anglois.

VOILA , dis-je alors en moi-même, de grandes choses ; il paroît qu'il y aura sous peu de tems de furieuses révolutions en Europe , & Milord - Duc y jouera un rôle des plus intéressans. Il faut que ce soit un homme de très - grand mérite , & *qu'il aime furieusement sa patrie* , au point de tenter tous les moyens possibles de la délivrer des Ministres actuels, qui, sous le nom du Roi, ne font que la tyranniser ; tels étoient mes raisonnemens , lorsqu'il me prit fantaisie de vouloir examiner particulièrement ce personnage important ; je me plaçai donc , le
plus

plus haut que je pus, fur la tête de mon camarade, dans un inftant où il avoit un entretien particulier avec Milord-Duc ; mais à peine fus-je à ce pofte que mon camarade s'avifa, je ne fais pourquoi, de remuer la tête ; je ne pus foutenir ce mouvement auquel je ne m'attendois pas, & je tombai fur une dettre que Milord-Duc venoit d'achever, & fur laquelle il mettoit de la poudre pour faire fécher l'encre dont il s'étoit fervi ; de forte que, me trouvant collé à cette liqueur, on ne fit point attention à ma perfonne, & je fus enveloppé dans cette lettre, lorfqu'on la plia.

Ma nouvelle pofition devenoit bien critique, je regrettois la perte de mon cher camarade de voyage, le meilleur des maîtres qui ne m'avoit jamais maltraité, & qui avoit pour moi tous les foins poffibles. Il eft vrai que je ne l'avois prefque jamais inquiété, je n'avois jamais cherché à lui faire la moindre bleffure qui pût l'offenfer ; &, quand la néceffité me forçoit, pour ma fubfiftance, à lui faire quelque piquûre, je le faifois le plus légérement que je pouvois, & toujours pendant la nuit, pour qu'il ne s'en apperçut pas.

D'un autre côté, qu'allois-je devenir ? Où cette lettre, qui me fervoit de prifon, alloit-elle être tranfportée ? A quel nouveau maître allois-je m'attacher ? Un Pou FRANÇOIS ! Comment Meffieurs les Anglois le confidéreroient-ils, & quels traitemens devoient-ils lui faire éprouver ? Toutes ces idées me tourmentoient beaucoup, lorfqu'un fupplice nouveau vint me faire reffentir les douleurs les plus vives & les plus aiguës. Une cire bouillante & enflammée, tombant à gros bouillons prefque perpendiculairement fur la partie du papier à laquelle j'étois collé, me fit pouffer les cris les plus perçans ; mais le bourreau qui caufoit tout mon

F

mal n'y fit pas la moindre attention ; malgré ce tourment terrible , j'eus affez de courage & de force pour pouvoir quitter l'endroit où j'étois , & j'en aurois peut - être été totalement délivré , fi une pierre , d'une lourdeur énorme , ne fut venue à la traverfe fur cette huile bouillante , & ne m'eût écrafé une cuiffe entière & deux pattes. Je perdis à l'inftant toute connoiffance , tant la douleur étoit violente ; & , quand je la recouvrai au bout de quelques minutes , je fus furpris de voir que cette huile qui m'avoit ainfi eftropié étoit froide comme le marbre. A l'égard de ma pauvre cuiffe , elle y refta enclavée ; encore fus-je très - heureux , dans mon malheur , d'en être réchappé à fi bon marché. Une cuiffe de plus ou de moins ne m'empêchera pas d'aller ; je m'en fuis donc confolé , & j'ai très-bien fait , car il n'en auroit été ni plus ni moins. Suivons donc le cours des autres événemens , peut-être plus importans pour la plupart de mes lecteurs que mes accidens particuliers auxquels ils font réunis.

Cette miférable lettre étoit adreffée avec d'autres papiers , à un certain Auteur d'une feuille qui fe diftribue tous les jours à Londres fous le titre d'*Avertiffement Général* , & les papiers étoient pour être inférés dans ces feuilles continuelles qui nourriffent la mélancolie & la mauvaife humeur du peuple Anglois.

L'Ecrivain décacheta donc la lettre , & me rendit à la liberté. Il m'apperçut ; mais , me prenant pour un grain de poudre , il fouffla fur moi , & me jetta fur une table très-grande , couverte de différens papiers , les uns manufcrits , les autres imprimés. Je paffai ainfi deux jours fans boire , ni manger , n'ayant pu trouver l'occafion de parvenir fur quelque nouveau protecteur qui voulut bien fe charger de moi.

Ce jeûne rigoureux me fit beaucoup souffrir, sur-tout après le supplice que je venois de subir.

Je n'avois donc d'autre occupation que d'entendre parler continuellement des affaires de l'Etat; & Dieu sait le tableau effrayant que l'on faisoit de la pauvre vieille Grande-Bretagne.

A entendre les uns, elle étoit aux abois, n'avoit aucune ressource en elle - même; le crédit public étoit perdu, le commerce anéanti.

A en entendre d'autres, la patrie n'avoit pas de plus grands ennemis que les Ministres du Roi; eux seuls étoient la cause de la révolte des Américains & les auteurs de la guerre contre les François & les Espagnols, qui n'agissoient qu'en récriminant: plusieurs soutenoient que ces Ministres s'enten-doient avec les François & les Espagnols, & même avec les Américains, qu'ils vouloient, par des manœuvres exécrables, trahir leur nation & leur Souverain, & livrer l'Angleterre à leurs ennemis extérieurs: presque tous concluoient qu'ils méri-toient la mort, & que c'étoit à la Nation à se ren-dre justice.

Il se trouvoit même des effrénés qui poussoient l'insolence jusqu'à donner à entendre qu'on devoit se défaire d'un Monarque assez foible pour s'en rap-porter à des Ministres incapables d'aucun bien & indignes de toute confiance; on citoit, pour exem-ple, l'exécution du malheureux Charles I.

D'où partoient ces germes de séditions, qui ne tendoient qu'à révolter tous les Anglois contre leur Souverain & la constitution de leur Gouvernement? De gens qui, comme je l'ai appris par la suite, ne cherchoient qu'à chasser les Ministres, & à s'empa-rer de leurs places; de gens qui n'avoient ni amour ni affection pour la patrie, quoiqu'ils en eussent les dehors, mais qui ne pensoient qu'à eux; de gens qui défiroient que l'Angleterre fut écrafée par fes ennemis, pour avoir le plaifir de dire, « on n'a » pas voulu nous écouter, en voilà les conféquen- » ces ; nous les avions bien prédites ; voilà ce que » c'eft de n'avoir pas fuivi nos confeils ; » de gens qui, cherchant à nager en eau trouble, efpéroient que, dans le délabrement univerfel de la nation, on viendroit à leur confier les rênes du Gouvernement ; de gens enfin qui avoient même des liaifons fecrettes avec les ennemis de l'état, & qui comptoient parvenir aux premières places du Royaume, s'il tomboit dans des mains étrangères.

Le lieu où je me trouvois étoit la manufacture générale de toutes ces abominations ; on y envoyoit des matériaux de tous les côtés ; on en payoit une partie ; les auteurs de l'autre fe trouvoient encore très-fatisfaits de pouvoir décharger leur bile & leur animofité, fans qu'il leur en coûtât la moindre chofe ; mais tous, comme de vils ferpens, n'ofoient jamais fe faire connoître, & empruntoient des noms fuppofés.

J'ignorois, dans cette fituation, les motifs qui portoient ces malheureux à fe déchaîner ainfi contre leur patrie, n'en ayant eu connoiffance que par la fuite, comme je l'ai déja dit, & je les regardois comme des héros, enflammés de l'amour patriotique, qui, pour le bien de la nation, pouvoient tout craindre de Miniftres puiffans, & couroient les rifques d'éprouver leur reffentiment & leur vengeance. Celui que je regardois avec le plus d'admiration étoit le rédacteur même de cette feuille, qui, fe faifant feul connoître ouvertement, paroiffoit affronter impunément tous les dangers, & fe préfenter aux coups que fes ennemis pouvoient lui porter. Je fis donc tous mes efforts pour tâcher de parvenir jufqu'à lui ; j'attaquai une de fes manches,

& j'étois fur le point de réuffir dans cette entreprife, lorfque le malheureux, qui avoit une vifite
importante à faire, tira une petite broffe qu'il avoit
dans fa poche pour nettoyer fon habit, &, dans
le moment où je m'y attendois le moins, il la
paffa à l'endroit où j'étois, & me fit tomber fur
fon mouchoir placé fur le bord de la table que je
venois de quitter, & qu'il mit dans fa poche. Nouvelle infortune qui me mettoit encore au défefpoir:
heureufement qu'elle ne fut pas de longue durée.
Car mon homme ne fut pas plutôt auprès de celui
qu'il alloit voir, que, fe fervant de fon mouchoir,
j'en échappai, me gliffai, quoiqu'avec peine, fur
l'épaule de ce dernier, & de-là je parvins fur fa
tête.

CHAPITRE XIX.

*Milord Sh... eft le nouveau Maître du Pou; il devient
Vice-Roi d'Irlande pour le Roi d'Efpagne; fes rela-
tions avec le Confeffeur de S. M. C. Décrets du Roi
d'Efpagne; nouvelle forme d'Adminiftration en Irlande; l'Inquifition y eft établie; Adreffe de la ville
de D..b..n au Roi d'Efpagne.*

J'AVOIS, je l'avoue, grand befoin de ce ref-
taurateur pour recouvrer mes forces perdues. tant
par la brûlure de ma cuiffe & de mes deux pattes, que par l'abftinence rigoureufe qui avoit
fuivi ce cruel fupplice. La nourriture que je pris
dans cette nouvelle auberge étoit forte & fuccu-
lente. C'étoit la quinteffence des meilleurs *roaf
beefs* de l'Angleterre, quoique mon hôte ne fut
pas lui-même des plus gras du pays, mais il n'en

étoit pas moins bien nourri. Etant logé chez lui, je pus facilement le connoître, & voici ce que j'en fais. Milord Sh..b...e eſt, comme Milord-Duc, un des oppoſans les plus acharnés au Gouvernement ; il y a jadis figuré : & ſon reſſentiment d'avoir été expulſé par des gens qu'il regarde bien au-deſſous de lui, eſt un des puiſſans motifs de ſa conduite actuelle. Il a fait tous ſes efforts pour pouvoir rentrer en faveur ; mais, voyant qu'il lui étoit impoſſible de réuſſir, il a pris une route toute oppoſée : quoiqu'ami en apparence de Milord-Duc, & quoiqu'il paroiſſe en adopter les ſentimens, il ſeroit jaloux ſi celui-ci attrapoit, d'une manière ou d'une autre, quelque choſe qu'il croit mériter mieux que lui ; en conſéquence, il crie & ſe déchaîne, comme Milord-Duc, contre le Roi & ſes Miniſtres ; &, faute de pouvoir obtenir ce qu'il déſire, il s'eſt retourné d'un autre côté, & dreſſe ſes batteries pour s'élever ſur les ruines de l'Angleterre. Se doutant que la Cour de France tramoit ſourdement une correſpondance avec Milord-Duc, il s'eſt jetté dans le parti du Roi d'Eſpagne, & il n'y a pas fait juſqu'ici de mauvaiſes affaires ; car les choſes, réuſſiſſant ſuivant ſes déſirs, il ſe trouvera en Irlande au même point d'élévation que Milord-Duc doit avoir en Angleterre.

On ne peut avoir aucun doute ſur la vérité de ces faits ; ils ſont conſtatés dans les actes les plus ſérieux que mon nouveau maître m'a lus plus d'une fois ; il en étoit ſi enthouſiaſmé, qu'il les avoit preſque toujours ſous les yeux, quand il étoit ſeul.

Mais quelle relation avoit-il, & a-t-il encore auprès du Roi d'Eſpagne pour la réuſſite de ſon entrepriſe ? La meilleure qui ſoit au monde. *Le Confeſſeur de Sa Majeſté.*

Voici ce que le bon Père en Dieu lui mandoit dans la troisième lettre qu'il lui adresse.

LETTRE DU CONFESSEUR DU ROI D'ESPAGNE AU LORD SH..B..E.

« Ce n'est point sans peine, Milord, que S. M. C.
» veut bien se déterminer à vous préférer, dans
» le glorieux poste de son Vice-Roi en Irlande, à
» tous ses plus fidèles sujets. Outre les raisons po-
» litiques que je lui ai alléguées pour vous choisir,
» j'ai été obligé de prendre le flambeau de la Re-
» ligion pour aller à votre secours ; *je lui ai dit que,*
» *par une révélation particulière de la Ste. Vierge Im-*
» *maculée, je savois la volonté de Dieu,* & qu'il vous
» avoit déja inscrit au Livre des Destins pour conso-
» lider la véritable Religion dans le Royaume d'Ir-
» lande, au nom de S. M. C. que vous représente-
» rez. Mais, Milord, vous ne pouvez espérer de
» monter à ce poste qu'en promettant, sous serment,
» de remplir exactement tous les articles contenus
» dans le *traité secret* que je vous envoie ; &, aussi-
» tôt que je serai sûr de votre façon de penser à cet
» égard, je vous ferai passer le décret qui vous élé-
» vera à cette illustre Vice-Royauté, &c. »

Ce traité particulier est trop important pour n'en pas faire mention ici.

TRAITÉ SECRET DU ROI D'ESPAGNE AVEC LE LORD SH..B..E.

ORDRE QUE MOI LE ROI VEUX QUI SOIT TENU DANS MON ROYAUME D'IRLANDE.

Art. 1. Il n'y aura que la seule Religion Catholique dans toutes les parties de ce Royaume ;

tous les Huguenots feront tenus, dans les huit premiers jours de mon règne, de fe convertir à la foi, finon feront chaffés de tous mes Etats, & tous leurs biens confifqués au profit des bons Religieux qui voudront y vivre dans la retraite & dans la contemplation des merveilles de la très-Sainte Trinité.

2°. Il y aura dans toute l'Irlande dix Evêques que je ferai nommer par le St. Père le Pape, ainfi qu'un Archevêque, dont le fiège fera à Dublin.

3°. LA SAINTE INQUISITION SERA ÉTABLIE DANS LES PRINCIPALES VILLES DE CE ROYAUME, ET LE TRIBUNAL SUPÉRIEUR SERA DANS LA CAPITALE, le tout pour la propagation de la Foi & la tranquillité de ces nouveaux Etats ; car c'eft à ce faint établiffement que je dois le repos de mes autres Royaumes, qui n'ont jamais éprouvé de guerres civiles pour fait de Religion, ainfi qu'il y en a eu tant, en France, en Angleterre, & ailleurs.

4°. Les Irlandois auront la liberté de commerce dans toute l'Europe, ainfi & de la même manière qu'en jouïffent mes autres Sujets de mes différens Royaumes.

5°. Comme l'Angleterre, proprement dite, va appartenir à mon cher frère LE ROI DE FRANCE, les Irlandois pourront également commercer dans ce pays, fans aucunes taxes ni impôts ; Je les relève, dès à préfent, de tous les droits établis fur leurs manufactures & leurs fabriques.

6°. Il n'y aura plus de Parlement en Irlande ; Je caffe dès à préfent celui qui y exifte. Quand mes Sujets de ce Royaume auront quelques graces à demander, ou quelques repréfentations à faire, ils s'adrefferont directement à Moi, & ma bonté pourvoira à tous leurs befoins.

7°. Auffi-tôt l'inftallation de mon Vice - Roi, il fera faire dans tout ce Royaume la recherche la plus exacte de tous les livres contre la Religion , & les fera brûler en place publique dans chaque ville où ils auront été trouvés , il n'y en aura d'autres dans toute l'Irlande que ceux qui font approuvés par la Sainte Inquifition dans tous mes Etats ; & pour cet effet , on les traduira fur le champ dans la langue du pays.

Milord SH..B..E ayant foufcrit à tous ces articles , & promis de les faire exécuter dans la plus grande rigueur, abjura en même tems fa Religion, pour adopter la feule qui pouvoit le fauver , & il reçut peu de tems après , le Décret & la lettre fuivante.

DÉCRET DE SA MAJESTÉ CATHOLIQUE , QUI NOMME MILORD SH..B..E VICEROI D'IRLANDE.

DON CARLOS, par la Grace de Dieu , Roi de Caftille , de Léon , d'Arragon , des deux Siciles , de Jérufalem , de Navarre , de Grenade , de Tolede , de Valence , de Galice , de Majorque , de Séville , de Sardaigne , de Cordoue , de Corfe , de Murcie , de Jaen , des Algarves , d'Algéfire , de Gibraltar , des Ifles Canaries , des Indes Orientales & Occidentales, des Ifles & Terres Fermes de l'Océan & d'Irlande ; Archiduc d'Autriche , Duc de Bourgogne, de Brabant , & de Milan , Comte de Habsbourg, de Flandres, de Tirol, & de Barcelonne , Seigneur de Bifcaye, & de Molina, &c: A ceux de mon Confeil, au Préfident, & aux Auditeurs de mes Audiences & Chancelleries , aux Alcaldes & Alguafils de mes Maifons & Cours, aux Corrégidors , Affiftans , Gouverneurs , Alcaldes Majors &

Ordinaires tant de ma Couronne, que des Seigneuries & Ordres, & à toutes autres Perſonnes de quelque état, qualité & condition qu'elles ſoient dans les cités, villes & lieux de mes Royaumes & Seigneuries, SAVOIR FAISONS, que; J'ai jugé à propos d'adreſſer à mon Conſeil un Décret ſigné de ma main & conçu en ces termes.

« AYANT, par la miſéricorde de Dieu, réuni ſous ma domination le Royaume d'Irlande, avec toutes les cités, villes, forts, châteaux & iſles en dépendans. Le premier de mes devoirs eſt de commencer par les mettre ſous la protection immédiate de la très-Sainte Trinité ; & le ſecond, de les gouverner en bon père, ainſi que J'ai fait juſqu'ici pour mes autres Sujets.

« J'ai donc cru en premier lieu devoir n'y établir que la Sainte Egliſe Catholique, Apoſtolique, & Romaine, dans laquelle nous vivons, & hors laquelle il n'y a point de ſalut : en conſéquence J'ordonne à tous les Infidèles, Hérétiques, & Schiſmatiques, qui ſe trouvent actuellement en Irlande, & qui ne voudront pas ſe convertir à la Foi, de ſortir de ce Royaume dans huit jours, à compter de celui de la notification qui y ſera faite du préſent Décret.

« Je déclare tous leurs biens confiſqués à mon profit, & J'ordonne qu'ils ſeront vendus dans ſix mois de ce jour, pour, les deniers provenans de la vente qui en ſera faite, être ſéqueſtrés, & enſuite employés à l'établiſſement de Couvens, tant d'hommes que de femmes, qui voudront, pour la plus grande gloire de Dieu, s'y retirer & ſervir, tant par leurs travaux, que par leurs exemples, à l'édification de leurs frères.

« J'établis auſſi dans tout ce Royaume, la Sainte

Inquisition, ainsi qu'elle existe, à la satisfaction générale, dans mes autres états.

« En second lieu, l'Administration civile & militaire sera aussi la même que dans mes autres Royaumes. Je supprime le Parlement d'Irlande comme contraire au Gouvernement Monarchique, & capable de pouvoir fomenter des divisions & des troubles.

« Il y aura toujours un *Viceroi* qui fera sa résidence à Dublin, & qui maintiendra dans tout ce Royaume, sous mon nom, l'ordre & la tranquillité qui doivent y règner.

« *Je nomme dès à présent, pour remplir cette place* DON SH..B..E, connu jusqu'ici sous le nom de *Grand d'Espagne de la première classe*, & en qui J'ai toute confiance, par l'attachement qu'il a à ma Personne Sacrée, & le zèle qu'il témoigne pour la propagation de la Sainte Foi.

« J'entends & ordonne que tous mes Sujets le reconnoissent pour tel en Irlande, & qu'on obéisse à ses Décrets, comme s'ils étoient émanés de Moi-même.

« J'accorde à tous les Irlandois les mêmes privilèges qu'à mes autres Peuples; Je supprime dès à présent, tous les droits précédemment établis sur leurs fabriques & manufactures.

« Le Conseil aura soin d'expédier les ordres & les avis nécessaires pour que tous mes Sujets soient informés de ma présente Résolution Royale ».

A Aranjuez, le premier jour de mon Règne en Irlande.

Signé ,   MOI , LE ROI.

———————

LETTRE DU ROI CATHOLIQUE, A MILORD SH..B..E, GRAND D'ESPAGNE DE LA PREMIERE CLASSE, VICEROI D'IRLANDE.

« Mon Décret royal ci-deſſus ayant été publié
» dans mon Conſeil, il en a ordonné l'exécution ; &,
» pour cet effet, il a fait publier les préſentes : en
» conſéquence, Je vous ordonne, qu'auſſitôt que vous
» aurez reçu mondit Décret, & que vous aurez vu
» ma Réſolution y contenue, vous, en qualité de
» mon Viceroi en Irlande, l'obſerviez, accompliſ-
» ſiez, & exécutiez, & la faſſiez obſerver, accom-
» plir, & exécuter en tout & partout, confor-
» mément à ſa teneur, donnant les ordres & faiſant
» les diſpoſitions convenables, afin qu'il conſte à
» tous mes Sujets d'Irlande de madite Détermina-
» tion Royale ; car telle eſt ma Volonté. Et à la
» copie imprimée de la préſente cédule certifiée
» par Don Antonio Martinez Salazar, mon Sécre-
» taire Greffier des Réſolutions, & le plus ancien
» Ecrivain de la Chambre & Gouvernement de mon
» Conſeil, la même foi ſera ajoutée qu'à l'original.
» Donné à Aranjuez, le premier de notre Règne
» en Irlande.

(Signé) » MOI LE ROI.

Plus bas eſt écrit : *Don Juan Franciſco de Laſtire,
Secrétaire du Roi, notre Seigneur, ai écrit la préſente par ſon ordre.*

Signé de plus : *Don Manuel Ventura Figueroa, Don
Manuel de Villafane, Don Manuel Doz, Don
Raymundo de Irabien. Don Blas de Hinojoſa.*

Regiſtré : *Don Nicolas Verdugo.*

Il faut avouer, dis-je en moi-même, que Mi-lord-Duc & mon patron favent très-bien tirer leur épingle du jeu ; mais, ajoutois-je, *ils vendent la peau de l'ours, avant de l'avoir jetté par terre* ; fi Meffieurs les Rois de France & d'Efpagne comptent fans leur hôte, les Vicerois n'auront pas de gran-des Vice-Royautés. Ces obfervations m'intriguoient, & j'ignorois quel étoit le deffous de carte d'après lequel on avoit tant de confiance, lorfqu'il fut remis de la part de tous les bons Catholiques d'Irlande à mon Viceroi l'adreffe fuivante, pour être par lui pré-fentée au Roi d'Efpagne.

ADRESSE DE LA VILLE DE D...B...N, A SA MAJESTÉ CATHOLIQUE.

» TRÈS-GRACIEUX SOUVERAIN,

» Nous, les Chefs, les Communes, & citoyens Catholiques de l'ancienne & loyale ville de D..b..n, demandons la permiffion d'approcher le pied de Votre Trône Royal, pour Vous offrir nos cœurs, & vous faire le don de nos perfonnages & de nos biens, comme A NOTRE SEUL ET UNIQUE SOUVE-RAIN, que Dieu nous a donné dans fa grace & miféricorde.

» Nous avons été excédés par un Peuple qui devoit nous traiter en frères, & nous a cependant fait continuellement fubir le joug de la fervitude. Tou-tes nos repréfentations & nos fuppliques à l'effet d'alléger le poids des fers que des Miniftres durs & cruels appéfantiffoient fur nous, ont été infructueufes. Toutes les fois que nous nous fom-

mes préfentés, nous avons été rejettés, & mépri-
fés. Nous devions vivre fous un Gouvernement libre
& nous étions efclaves. Si l'on avoit l'air de nous
accorder quelque juftice que l'on affectoit de regarder comme une faveur, on y mettoit des reftrictions
injuftes & impolitiques, qui en diminuoient &
altéroient l'efficacité.

C'eft donc avec la plus grande fatisfaction que
nous avons vu le Très-Haut prendre en main notre
défenfe, & nous retirer de cette cruelle fervitude.
Il nous confie à un Monarque pieux, bon, jufte,
& rempli d'attachement pour fes fujets. Il foutien-
dra la gloire du Roi des Rois ; il amènera l'abondance dans nos contrées, & fera fleurir nos manufactures & notre commerce. Il nous donne déja
pour fon Repréfentant un de nos compatriotes,
fage, *vertueux*, DÉSINTÉRESSÉ, que nous aimons
& qui nous aime. Nous fommes donc, SIRE, pé-
nétrés de la plus vive reconnoiffance pour Votre
Augufte Perfonne ; nous ne cefferons de bénir le
Ciel de nous avoir mis fous Votre Protection, &
nous le fupplierons de Vous accorder, & à Votre
Augufte Famille, des jours longs & profpères. Ce
font les fincères & affectionnés fentimens & fou-
haits des très-loyaux & à jamais fidèles Sujets de
Votre Majefté.

Signé au Novembre de 380.

CHAPITRE XX.

*Assemblée importante chez le Marquis de R..K..M;
il est nommé par le Congrès Amériquain* PROTEC-
TEUR DE LA LIBERTÉ ECOSSAISE. *Résolution du
Congrès ; nouvelle forme d'Administration en Ecosse.
Le Protecteur a une Cour & des Ambassadeurs chez
tous les Souverains de l'Europe.*

JE vécus pendant plus de quinze-jours sur la
tête de Milord Viceroi ; j'y étois encore dans la
solitude , mais elle m'étoit toujours agréable, &
les nouvelles importantes que j'apprenois chez lui
tous les jours occupoient mon tems , & chas-
soient l'ennui qui auroit pu m'attaquer. Mon Protecteur recevoit beaucoup de visites : tantôt c'é-
toit des gens qu'il occupoit à décrier le Gouvernement actuel ; tantôt c'étoit des émissaires char-
gés de fomenter des troubles & des séditions en
Irlande en faveur de Sa Majesté Catholique : un
jour nous tenions des conférences avec le Viceroi
d'Angleterre , *pour concerter les discours patriotiques qu'ils devoient l'un & l'autre réciter dans le
Parlement , & pour augmenter , à force d'argent & de
promesses , le nombre des Opposans dans le Parlement
prochain :* un autre jour nous donnions un grand
repas à plusieurs membres de la Majorité , & *nous
en mettions plusieurs dans notre parti.* Voilà quelle
étoit notre conduite , lorsque mon maître fut in-
vité à dîner chez M. le Marquis de R..K..M , où il

devoit fe tenir dans la foirée une affemblée importante pour les affaires de l'Etat. Mon Protecteur
fe rendit à l'invitation & m'y conduifit. Je mis toute
mon attention à connoître ces différens perfonnages ,
pour enfuite apprécier leur mérite , & m'inftruire à
fond de leurs deffeins : je les examinai pendant tout
le repas, qui fe paffa en propos indifférens , mais
à travers lefquels on voyoit bien l'efprit de parti
qui les animoit. Je vais efquiffer le portrait de quelques-uns de ces grâves Sénateurs, avant que de rendre
dre compte des objets qui ont été agités dans cette
Augufte Compagnie.

2°. Le maître de la maifon , ancien Miniftre des
Finances ; c'eft un homme làid , petit , maigre &
noir ; il a les yeux enfoncés , & porte perruque ;
il jouit d'environ 60 ans & de 40,000 l. fter. de rente ;
il eft indigné contre le Roi d'Angleterre, de ce qu'ayant
eu autrefois fes bonnes graces , il n'a pu les confer-
ver , & employe tout fon crédit & fon argent pour
faire culbuter fon fucceffeur & les autres Sécretaires
d'Etat.

2°. Charles F..x; un homme fin & rufé , gros &
court , prodigue & ruiné , qui cherche à s'accrocher
où il peut , & *qui efpère faire fortune dans la Mino-
rité* , puifqu'on ne veut point de lui dans la Majorité.

3°. Le Général B..G..E , partifan zèlé de l'Oppofition. Les Miniftres actuels avoient cru qu'en le
mettant à la tête d'une armée , il abandonneroit fes
premiers amis pour fervir fidèlement fa Patrie & fon
Prince : *ce brave homme, ferme à fes premiers atta-
chemens , a accepté le commandement de ces troupes ,
& les a livrées aux Amériquains , en fe rendant lui-
même avec elles prifonnier de guerre.*

4°. L'Amiral par Excellence ; c'eft le nom que lui
donnoient les autres convives. Cet homme , d'une
expérience

expérience confommée, quoique oppofé au parti du Roi & des Miniftres, & quoique parent de Milord-Duc, fut choifi par S. M. *pour commander une flotte confidérable, & attaquer celle des François qui étoit inférieure :* mais, d'après les coufins de fon coufin, & les intérêts de fon parti, il n'a point fait ufage de ces forces, s'eft conduit de manière qu'il n'a remporté aucun avantage fur les ennemis, quoiqu'il leur fut fupérieur en nombre, *& les a, au contraire, mis dans le cas de pouvoir fe vanter avec raifon d'être les vainqueurs.*

5°. MILORD-DUC, celui qui m'a fait fubir le fupplice cruel dont j'ai parlé, en me brulant ma cuiffe & mes deux pattes.

6°. L'EVEQUE DE P...B....GH ; Je ne me ferois point attendu à trouver un Prélat dans cette affemblée.

7°. Et enfin, mon maître & mon protecteur, le VICEROI D'IRLANDE.

Quand la féance s'ouvrit, M. le Marquis, en qualité de Préfident, fe leva, & dit :

DISCOURS INTERESSANT DU MARQUIS DE R....K....M.

» Meffieurs,

» Les motifs, d'après lefquels je vous ai prié de » vous rendre en ce lieu, & les objets que nous de- » vons difcuter & déterminer, font de la plus grande » importance ; j'efpere que vous voudrez bien y ap- » porter la plus férieufe attention : j'entre en matière.

» Jufqu'ici nous n'avons tous été réunis que dans » un feul point ; *notre haine contre les Miniftres* » *actuels & notre intention de parvenir à les expulfer.* » Nos démarches, pour parvenir à ce but, ont été » uniformes : mais qu'avons-nous pu obtenir ? Seu-

G

» lement de décrier dans l'esprit du peuple ces gens
» que nous ne pouvions souffrir, & de préparer
» une révolte, lorsque nous la jugerons nécessaire.
» Quant au Roi, fermement persuadé du mérite
» *imaginaire* de ses favoris, il leur est, dans le
» moment actuel, encore plus attaché que jamais.

» Les ennemis de la Grande Bretagne, QUE NOUS
» LUI AVONS HEUREUSEMENT SUSCITÉS, ont
» dressé toutes leurs batteries pour s'emparer de notre
» Pays ; l'invasion va être faite ; on le sait, on le
» craint ; & cependant il n'a été pris par le Gouver-
» nement aucune mesure juste pour s'y opposer ;
» nous sommes donc certains de la réussite de cette
» entreprise.

» Un autre fait non moins important est LE PAR-
» TAGE DE LA GRANDE BRETAGNE, PAR LES
» TROIS PUISSANCES BELLIGERANTES, LA
» FRANCE, L'ESPAGNE, ET L'AMÉRIQUE. Nous
» en avons tous été instruits en dessous mains. Sans
» nous rien communiquer les uns les autres, nous
» avons cherché de l'emploi auprès des ennemis du
» Gouvernement, & nous leur avons offert nos servi-
» ces. Nous avons presque tous réussi : mais, Messieurs,
» cela ne suffit pas ; nous devons toujours être amis,
» & nous concerter dans toutes nos opérations.

» Considérons maintenant notre position actuelle.
» Milord-Duc est nommé par le Roi de France
» pour son VICEROI DE L'ANGLETERRE.
» Milord Sh.... est VICEROI D'IRLANDE pour sa
» Majesté Catholique ". -- Comme ces deux Seigneurs
paroissoient de la plus grande surprise de voir le
Marquis de R...K...M aussi bien instruit, celui-ci les
regarda en riant & leur dit. » Messieurs, j'ai su
» toutes vos démarches *ab ovo ad mala* ; &, comme
» vous voyez, je ne les ai point traversées : il restoit
» encore une porte qui m'ouvroit le chemin de la

» Gloire, ainsi que de la fortune ; j'en ai profité ;
» c'est L'AMÉRIQUE. *J'ai fait mon traité particulier*
» *avec le Congrès , rélativement à l'Ecoſſe , qui leur ap-*
» *partiendra.* Si vous êtes curieux d'en ſavoir les
particularités & les détails , je vais vous en faire part ;
mais, ajouta-t-il, ſoyons de bonne foi, & que
chacun de nous en agiſſe de même.

Tous le promirent dans l'inſtant ; les *Vicerois*
d'Angleterre & d'Irlande voulurent commencer ; ils
lurent leurs Patentes nouvelles : enſuite Milord
R...K...M expoſa les Réſolutions du Congrès rélativement à l'Ecoſſe ainſi qu'il ſuit.

RESOLUTION DU CONGRES AMERIQUAIN.
EN CONGRES.

» La juſtice de notre cauſe nous ayant relevé du
» joug ſous lequel les Anglois Nous vouloient aſſervir ,
» la Bénédiction Divine s'eſt répandue ſur Nous &
» ſur Nos armes ; ce lion rugiſſant qui cherchoit à
» Nous dévorer eſt terraſſé ; la mer devenue libre ,
» le commerce de l'univers entier va ſe faire d'un
» bout du monde à l'autre ſans trouble , ſans Cor-
» ſaires , ſans craindre aucune ſupériorité. Les
» peuples ci-devant aſſervis ſous le Gouvernement
» deſpotique de la Grande-Bretagne s'en ſont retirés :
» diviſés en trois contrées différentes , & trop foibles
» pour ſe ſoûtenir par eux-mêmes , un tiers s'eſt mis
» ſous la protection du Roi de France notre glorieux
» allié, un autre tiers s'eſt donné à ſa Majéſté Catho-
» lique, & le troiſieme & dernier Nous a fait demander
» à ſe réunir à Nous , à partager nos droits qui ſont
» ceux des hommes, Nos privileges, Nos préroga-
» tives, & Notre Liberté. Nous Nous y ſommes
» prêtés avec d'autant plus de plaiſir, qu'en accor-
» dant à nos freres les Écoſſais tous les ſecours qu'ils
» implorent , Nous en faiſons des amis qui ſeront

» auſſi dans le cas de Nous deffendre & de Nous
» aider dans les cas de néceſſité & de détreſſe; en con-
» ſéquence, après avoir mûrement réfléchi ſur une
» affaire de cette importance, & avoir pris les avis
» de tous nos compatriotes.

RESOLU, Que Nous donnons toute protection aux habitans de l'Ecoſſe, que Nous regardons dès ce moment comme freres, & comme faiſant partie de Notre République.

Attendu Que les Ecoſſois doivent jouïr des mêmes privilèges que Nous.

RESOLU qu'ils auront dans notre préſent Congrès autant de députés que la Province de Penſilvanie; que ces députés prendront leurs intérêts dans les affaires de l'Etat, de même que ſi l'Ecoſſe faiſoit partie du préſent Continent.

Attendu Qu'étant incorporés à Notre Gouvernement, ils ne peuvent en être ſéparés en aucune circonſtance que ce ſoit, ſurtout dans les occaſions les plus brillantes.

RESOLU, 1°. Qu'à tous les feſtins & fêtes publiques on boira une ſanté de plus en l'honneur de Nos nouveaux frères. 2°. Qu'il ſera célébré tous les ans l'anniverſaire de cette glorieuſe Alliance par le Congrès aſſemblé.

Attendu Que les Ecoſſais n'ont point partagé avec Nous les fraix énormes de la guerre que nous avons été obligés de ſoutenir juſqu'à ce jour, pour élever Notre Gouvernement Républiquain, & dont cependant ils vont gouter avec nous les avantages.

RESOLU, Qu'ils feront tenus de payer en quatre termes égaux, dans l'eſpace de trois ans, au Congrès par forme d'incorporation & de compenſation, la ſomme de QUATRE MILLIONS STERLINGS, en eſpèces, & non en papier.

Attendu Que les Ecossais n'ont point de troupes réglées parmi eux, ni aucunes munitions de guerre pour pouvoir se défendre en cas d'hostilités.

RESOLU, Que le Congrès aura dans l'Ecosse constamment 20,000 hommes de troupes reglées, dont 15000 d'infanterie & 5000 de cavalerie ; que CETTE ARMÉE SERA ENTRETENUE AUX FRAIX SEULS DES ECOSSAIS, & que le Congrès se reservera de nommer le Général & les Officiers ; lequel Général ne rendra compte qu'au Congrès de sa conduite, par le moyen du Protecteur ci-après nommé, & exécutera ponctuellement ses ordres.

Attendu Que parmi des hommes raisonnables il ne doit jamais y avoir aucune dispute pour fait de Religion, & que la liberté de conscience est un des plus beaux privileges de l'homme.

RESOLU, Que dans l'Ecosse il n'y aura aucune Religion prédominante ; que chaque particulier y pourra exercer librement la Religion qu'il voudra, & qu'il sera fait défense à tous les Ecossais, *& particulierement aux Presbytériens* d'avoir aucune querelle pour fait de Religion, *sous peine de mort.*

Attendu, Que le Congrès étant éloigné du Royaume d'Ecosse ne pourra, dans les cas urgens, donner les ordres nécessaires aussi promtement qu'il le feroit s'il étoit sur les lieux.

RESOLU, Qu'il y aura à Edimbourg un citoyen auquel le Congrès donnera tous les pouvoirs suffisans pour maintenir la tranquillité de ce Royaume, tant au dehors qu'au dedans ; que ce chef aura le titre de PROTECTEUR DE LA LIBERTÉ ECOSSAISE, & la dénomination d'ALTESSE PROTECTORALE ; qu'il pourra dans les cas les plus urgens, & lorsqu'il ne se trouvera pas le tems suffisant pour prévenir le Congrès, faire marcher les troupes où il sera nécessaire, & leur donner tous les ordres convenables.

Attendu Que le Protecteur de la Liberté Ecoffaife doit auffi connoître particuliérement les divers mouvemens des Cours de l'Europe, dont il fera plus près que Nous, & prévenir les maux qui pourroient fondre fur ce pays.

RESOLU, *Qu'il poura avoir des Énvoyés dans toutes les Cours de l'Europe* qu'il jugera néceffaires, & en recevoir généralement de ces Cours, ainfi que cela fe pratique auprès de S. A. R. le Prince Charles, Gouverneur-Général des Pays-Bas Autrichiens.

Attendu Que, pour l'honneur de l'Ecoffe, le Protecteur doit avoir une Cour conforme à fa dignité & à la gloire de cette nation.

Réfolu, Que fur les premiers déniers provenans des charges & impofitions publiques, telles qu'elles feront par nous arrêtées dans la premiere affemblée où il y aura des Députés Ecoffais, le Protecteur aura pour fes dépenfes perfonnelles & celles de fa maifon & de fes Officiers, une fomme actuelle de 5,000,000 l. fter.

Et, dès à préfent, Nous nommons pour PROTECTEUR DE LA LIBERTÉ ECOSSAISE l'honorable Marquis de R..K..M à qui Nous confions tous les pouvoirs, ci-deffus. Nous donnons le commandement de l'armée Ecoffaife, au brave Général B..G..E, qui Nous a fi bien fervi dans la derniere guerre, en fe rendant à Nous avec toute l'armée Angloife; Nous réfervant de nommer dans la premiere affemblée les autres Officiers de l'armée Ecoffaife, après avoir reçu les avis du dit Marquis de R..K..M & du dit Général B..G..E.

Fait en Congrès, le premier jour de notre alliance avec l'Ecoffe.

Par Ordre du Congrès,
Signé, CHARLES THOMPSON, Sécrétaire.

CHAPITRE XXI.

ET DERNIER.

*Résultat de l'Assemblée ; l'Evêque P...b...gh, devient
Archevêque de Cantorbery , & demande à être
Cardinal. L'Amiral K....P....L nommé Ministre
de la Marine Angloise pour le Roi de France.
L'Honorable Charles F....x , Premier Ministre en
Ecosse. Fin de l'ouvrage du Pou ; il le remet à
un Editeur.*

QUAND les résolutions du Congrès furent lues ,
le Viceroi de France se leva & dit , en s'adressant
au Marquis de R...K...M.

 „ Votre Altesse Protectorale ne se trouve pas la
„ plus mal partagée , quoiqu'elle ait songé à ses in-
„ térêts un peu plus tard que nous ; cependant nous
„ ne pouvons que la féliciter d'un succès aussi glo-
„ rieux ; & les sages arrangemens du Congrès , qui
„ vous autorisent à avoir des Ambassadeurs dans les
„ différentes Cours de l'Europe , me donnent l'idée
„ de solliciter le même honneur de mon Souve-
„ rain ; je pense que le Viceroi d'Irlande sera aussi
„ de mon avis.

 „ Vous avez raison , Milord , dit le Viceroi Ir-
„ landois. C'est une chose très-importante que nous
„ n'avions pas prévue ; mais , Messieurs , ajouta-t-
„ il , il nous faut déjà pourvoir nos amis & leur
„ procurer des postes avantageux , tels qu'ils sont

» dus à leur mérite. Parlons d'abord de fa Seigneu-
» rie le Lord Evêque de P..... b..gh , ici préfent.
» Etant, comme nous, au - deffus de tous les pré-
» jugés de l'enfance & de la fuperftition des Reli-
» gions, je fais qu'il eft dans l'intention, pour fon
» intérêt perfonnel , d'entrer dans l'Eglife Romaine.
» Je defirerois pouvoir le préfenter à Sa Majefté
» Catholique pour l'Archevêché de Dublin, mais
» ce fiège eft promis au Confeffeur de Sa Majefté,
» & un Archevêché dans mes Etats feroit trop peu
» pour lui ; je prie donc Milord-Duc de voir ce qui
» peut lui convenir dans les fiens.

Milord-Duc, prenant alors la parole, dit : « j'ai
» déjà penfé férieufement à être utile à fa Seigneu-
» rie ; j'ai deux objets qui pourroient lui convenir
» dans ma Viceroyauté. L'Evêque de Londres &
» l'Archevêque de Cantorbery font trop attachés
» à la Religion Anglicane pour la quitter ; ils vont
» donc fe démettre de leurs fièges , & j'offre à fa
» Seigneurie celui des deux qui lui plaira le plus.
» Je fuis enchanté de votre générofité, Milord-
» Duc, dit l'Evêque de P....b... gh. Vous ne pouvez
» douter de ma reconnoiffance ; j'accepte donc *en*
,, *toute humilité* , l'Archevêché de Cantorbery ; mais
» j'ai encore une autre grace à vous demander :
» certainement le S. Pere le Pape , voyant l'Angle-
» terre fous la domination Françóife, & que la Re-
» ligion Catholique y fera la prédominante , donnera
» quelques CHAPEAUX DE CARDINAUX à des An-
» glois. Qui, plus que moi, aura lieu d'y préten-
» dre, 1°. Comme Premier Evêque Catholique,
» 2°. Comme étant le Primat de l'Angleterre en
» qualité d'Archevêque de Cantorbery ? ,,

Vous avez bon appétit , dit en riant Milord-
Duc , mais je ne m'y refufe point, & j'en parlerai au

Roi avec plaisir; je regarde même cela comme une justice qui vous sera due.

» Quant à l'Amiral par Excellence, ajouta-t-il;
» comme mon parent & ami intime, & en outre
» comme ayant rendu de grands services à la
» France, je me charge de lui, & je le ferai
» nommer Ministre de la Marine Angloise,
» pour Sa Majesté très - Chrétienne.

» Messieurs, dit Son Altesse Protectorale, vous
» n'avez point encore pourvu à l'Honorable Ch.
» F..x & je me fais un plaisir de vous prévenir;
» je connois trop son mérite, ses lumieres & ses
» talens pour ne pas en profiter: je le prie donc
» de vouloir bien accepter la place de mon premier
» Ministre. L'amitié & l'attachement qu'il a tou-
» jours montré pour l'Amérique m'assurent que ce
» choix sera très-agréable au Congrès, & que l'on
» m'en fera des remerciemens.

» Voilà donc, Messieurs, continua-t-il, nos pre-
» miers arrangemens faits; il ne nous reste plus
» qu'à nous jurer une amitié & un secret inviolable;
» car, si nos opérations étoient dévoilées, nous se-
» rions perdus. Restons fermement attachés à nos
» nouveaux Souverains, agissons toujours de con-
» cert, & nous sommes sûrs de la réussite. „

Tel fut le résultat de cette auguste Assemblée,
après quoi l'on se sépara. On ne se doutoit pas que
j'y fusse présent, & que j'y fisse le rôle d'espion; mais
ce rôle, tout honteux qu'il est ordinairement, étoit
pour moi honorable & flatteur, parce que je le
faisois sans intérêt, & sans tous ces motifs bas &
humilians qui gouvernent la plupart des hommes;
je le faisois plutôt comme observateur qu'autrement,
& pour mon seul plaisir. J'étois curieux de voir les

événemens qui devoient arriver ; mais je n'efpérois pas vivre affez pour cela, n'ayant guères plus d'un mois à végeter encore, pour avoir vécu auffi long-tems qu'un Pou peut l'efpérer.

Je quittai mon Protecteur deux jours après cette glorieufe affemblée ; je tombai fur un pauvre diable d'écrivain qui étoit à fes gages & qui faifoit inférer fes belles productions dans *l'avertiffement général* ; c'eft où je fuis actuellement ; j'y vis en philofophe, attendant la mort, fans la defirer, ni la craindre. C'eft dans cette retraite que j'ai recueilli les évènemens ci-deffus, & les ai mis dans cet ouvrage, défiant qu'il puiffe voir le jour pour me faire une réputation. Je le remettrai, un jour que je ferai dans un caffé, à un voifin de mon hôte, que j'ai en vue, & qui eft bon patriote, car celui-ci fe donneroit bien de garde de le publier. C'eft ainfi que je dis *adieu* au genre Humain, au genre Pouilleux, & à tous les êtres que j'ai connus.

POSTSCRIPTUM DE L'ÉDITEUR.

En effet le Pou, Auteur de cet intéreffant manufcrit, me le remit au commencement de Septembre 1779, en langue Françoife, tel que voici, fans que j'y aie retranché la moindre chofe. J'eus beaucoup de peine à le pouvoir déchiffrer, 1°. parce que l'Auteur, n'ayant jamais eu de maître, ne

favoit pas trop bien écrire ; 2°. parce que le manufcrit étoit fi fin , qu'il me falloit avoir continuellement le microfcope en main pour pouvoir le
lire.

J'ai voulu deviner quel étoit l'hôte qui l'héber-
geoit , parce que , me trouvant fouvent à mon caffé
ordinaire, tantôt auprès de l'un , tantôt auprès de
l'autre , je n'ofois demander à aucun d'eux s'il étoit
un Pouilleux , mais j'aurois été charmé de connoître
l'Auteur , je l'aurois pris fous ma fauvegarde , &
lui aurois procuré toute l'aifance poffible dans fa
vieilleffe.

F I N.

T A B L E.

de Cantorbery, & demande à être Cardinal.
L'Amiral K.... nommé Ministre de la Marine
Angloise pour le Roi de France. L'honorable Ch.
F..x est premier Ministre en Ecosse. Fin de l'ou-
vrage du Pou; il le remet à un Editeur.Pag. 103

POSTSCRIPTUM DE L'EDITEUR. *Il rend compte
comment l'ouvrage lui est parvenu, & les peines
qu'il a prises pour le mettre au jour.* 106

www.ingramcontent.com/pod-product-compliance
Lightning Source LLC
LaVergne TN
LVHW021732170726
843503LV00004B/1524